残念な実例が教えてくれる

「きちんとした、もめない遺言書」の書き方・のこし方

行政書士
山田和美

日本実業出版社

カバーデザイン／志岐デザイン事務所（萩原　睦）
本文ＤＴＰ／一企画

プロローグ

世の中には専門家が驚く
「残念な遺言書」があふれている！

「遺言書くらいネットで調べれば自分で書ける」という人が最も危険

「問題のない自筆証書遺言」を見つけること自体が困難

終活やエンディングノートがブームとなり始めてから、もう何年経ったことでしょうか。

「自分も遺言書を書いておこう！」

という人が増えているのは、専門家として嬉しい状況です。

自分が亡くなった後の対策が何もとられていないことで、子どもたちの間で相続争いが起きてしまうなど、残された家族が困ってしまうケースは、皆さんが想像している以上に多いものですから……。

しかし、遺言書に関心を持つ人が増えた一方で、手放しには喜べない現状もあります。それは、遺言書を安易に考えるケースが少なくないということです。

遺言書は、残された人にとても大きな影響を与える、重要な法律文書です。多くの人が思っているほど簡単なものではありません。

確かに、インターネットで調べれば、遺言書のひな形は簡単に見つかります。書き方に関するページも数多くヒットすることでしょう。

「少し調べれば書き方がわかるのだから、わざわざ専門家にお金を払うのはもったいないし、自分でつくろう」と思ってしまうのも無理はありません。

ところが、これが大問題。なぜなら、**遺言書は「書き方さえ正しければ問題がない」というわけではない**からです。

これはセミナーや相談業務の場でも繰り返し伝えていることですが、筆者が10年近く相続の現場に携わっているなかで、まったく問題のない自筆証書遺言を見たことは一度もありません。誇張でも何でもなく、本当に「1つも」ないのです。
こうした事実を、皆さんはどう受けとめるでしょうか。

中途半端な遺言書なら、のこさないほうがマシ

専門家に頼らず、自力でつくった遺言書のどこにそれほどの問題があるのでしょうか。

捺印が漏れているとか、日付が書いていないといった、遺言書としての要件を満たしていないものもありますが、このような「そもそも無効」というものは、それほど多くはありません。

たいていの遺言書は、「全文自筆で」「氏名を明記する」といった、遺言書の成立要件自体は満たしています。おそらく本やインターネットなどを活用し、いろいろ調べながら作成したのでしょう。

しかしながら、「検討すべき事項」が検討されていなかったり、書いておくべきことが書いてなかったりといった〝落とし穴〟に気づいていないものが非常に多いのです。

遺言書をのこす側としては、のこされた大切な人たちが困らないように、遺言書を

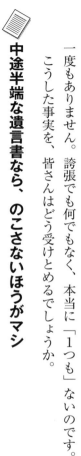

つくるはずです。

「苦労をかけてきた妻に、自分の亡き後も安心して暮らしていってほしい」

「たった2人の兄弟なので、子どもたちにはこれからも仲よく過ごしてほしい」

などなど、そこには大切な人たちへの想いがあります。のこされる人たちのことを「どうでもよい」などと思っている人は、そもそも遺言書をつくろうとは考えません。


しかし、「検討すべき事項」の検討が漏れていれば、せっかくつくった遺言書が、大切な家族を困らせてしまうことになります。

場合によっては、のこされたご家族が、

「中途半端な遺言書をのこすくらいなら何もないほうがマシだった」

とさえ感じてしまうでしょう。


こうなってしまえば、遺言書をのこした側の想いも、のこされた家族の想いも、浮かばれません。

問題のない遺言書をつくるためには、書き方等の形式的な要件に加えて、

- **実際に相続が起きた後、その遺言書がどのように使われるのか**

- 財産をのこされた人が何をしなければいけないのか
- 遺言書をつくった後で状況が変わったらどうなるのか
- のこされた家族が遺言書を見たときにどう感じるのか

などなど、多岐にわたる検討が必要です。

これらは遺言者自身の状況により異なるため、インターネットで検索しても簡単に答えが見つかるものではありません。また、ひな形にも表れていないことがほとんどです。

「問題のない遺言書をつくることは、考えているほど簡単ではない」

運よく本書を手に取られた皆さんは、この事実をまず知っておいてください。安易な遺言書を書くことは「ありがた迷惑」。のこされた家族を困らせてしまうのです。

「公正証書になった残念な遺言」も作成できてしまう点に注意が必要！

「公正証書」だからといって安心してはいけない！

遺言書には、主に次の２つのタイプが存在します。

①自分で書く「自筆証書遺言」
②公証役場で作成する「公正証書遺言」

終活ブームの昨今、自筆証書遺言を見つけたときに行なう検認（家庭裁判所へ遺言書を提出することにより、遺言書の内容を明確にして、遺言書の偽造・変造を防止するための手続き）の件数も、公正証書遺言の作成件数もいずれも増加傾向です。

このうち、①自筆証書遺言は5章で詳しく解説しますが、リスクが高いため作成をお勧めできません。

一方の公正証書遺言は、公証人の認証を受けて作成するため、「きちんとした遺言書」と言えます。

そのため、「公正証書遺言であれば、本書で紹介するような『問題のある遺言書』になるはずがない」と考える人も少なくないのではないでしょうか。

しかしながら、**「残念な遺言書」は公正証書遺言でも作成することができてしまう**のです（残念です……）。

そもそも遺言書としての成立要件を満たさない遺言書は、公正証書では作成できません。

また、法的に無効な内容が書かれた遺言書が公正証書でつくられてしまうケースも、ほとんどないと言ってよいでしょう。

本書で言えば、2章で紹介する、

①ポエムのような遺言書（26ページ）

②死後に離婚するという遺言書（34ページ）

③夫婦2人が同じ用紙で作成した遺言書（38ページ）

は、そもそも法的に無効ですから、公正証書で作成されることはあり得ません。

しかし、その一方で、

④一部の財産についてだけ言及した遺言書（2章72ページ）
⑤子のいない夫婦がお互いにあてた遺言書（3章86ページ）
⑥不動産は長男、預貯金は二男に相続させるとした遺言書（3章124ページ）

などは公正証書でも作成できてしまいます。

なぜなら、これらの遺言書は重要な事項の検討が漏れており、のこされた家族に大きな問題を生む可能性があるものの、法的に無効というわけではないためです。

また、悲しいことに、遺言書の作成サポートをうたう専門家にも問題のある遺言書を作成させてしまう人が存在します。

実際に、公正証書でもつくれてしまうと述べた、先の④〜⑥の遺言書は、すべて専門家がサポートをしたうえで作成した公正証書遺言でした。具体的な専門家の資格までは伏せますが、作成のサポートをしたのは、いずれも某「士業」です。

もちろん、遺言者本人がリスクを承知のうえで、「あえてこの内容で作成したい」と言ったのであれば仕方がありません。専門家は、あくまでもアドバイスをする立場。最終的に決めるのは本人ですから。

しかし、いずれのケースでも、遺言者本人は、作成当時その遺言書のリスクに気がついておらず、アドバイスも受けなかったようでした。

その後年月が経過し、遺言者本人が、

「ひょっとするとこの遺言書は問題があるのでは……」

と気づき、筆者のもとに相談に来られたことで「残念な遺言書」だと判明したのです。

いずれもご本人が元気なうちに作成し直すことができ、事なきを得ましたが、もし、そのまま気がつかず相続が起きていたら、どうなっていたのでしょうか。

リスクに気がつかないまま相続が起きてしまったケースや、本人が認知症等になって書き換えが困難となってしまったケースは、一体どれだけ存在しているのでしょうか。

考えただけでも恐ろしい話です。

遺言書は元気なうちであれば何度でも書き換えできる！

本書では、「残念な遺言書」のなかから代表的かつ参考になるケースを提示しています。**これから遺言書を作成しようとする人は、これらの失敗事例を反面教師にして、問題のない遺言書を作成してください。**

すでに遺言書を作成された人も「自分の遺言書は大丈夫かな」と見直してみてください。

遺言書は、元気なうちであれば何度でも書き換えが可能です。本書を読んで問題点に気づいたら、早急に書き直しを検討しましょう。

1～4章では、のこされた家族や大切な人を困らせてしまう「残念な遺言書」を、例を挙げて紹介・解説していきます。

「この遺言書のどこに問題があるのか？」という点に着目し、自身の例に照らし合わせて読み進めてください。

公正証書遺言　作成までの流れ（一例）

□ ①自分の法定相続人は誰かを確認する

□ ②財産の洗い出しをする

□ ③財産の一覧表をつくる

□ ④誰に何を渡したいか、まずは想いのままに検討する

□ ⑤相続税の問題の有無を確認する

□ ⑥遺留分を侵害しないか検討する

□ ⑦寄付候補先に受入れ体制があるか確認する

□ ⑧農地法など、諸法令上問題がないか検討する

□ ⑨第二候補の受遺者を検討する

自分の法定相続人を正確に確認するには？

□自分の生まれたときまで遡る戸籍謄本や除籍謄本

□法定相続人の現在の戸籍謄本

※子どもがいない場合など、場合によっては父母の出生まで遡る除籍謄本や原戸籍謄本が必要になります。

確認資料の一例

□**不動産**……登記簿謄本、固定資産税課税明細書など

□**預貯金**……預貯金通帳や預金証書

□**有価証券**……証券会社から送られる報告書等

□**車**……車検証

□ ⑩財産の記載に漏れがないか検討する
↓
□ ⑪内容を再検討する
↓
□ ⑫遺言執行者の検討・依頼をする
↓
□ ⑬付言を検討する
↓
□ ⑭公証役場に遺言書の内容を伝え、必要書類を確認する
↓
□ ⑮必要書類を準備する
↓
□ ⑯２名の証人を検討する
↓
□ ⑰公証役場に日時を予約する
↓
□ ⑱公正証書遺言を完成させる

> 自分で公正証書遺言を作成する場合の一例です。各専門家に依頼した場合、専門家が一部を代行したり、一緒に検討したりします。
> 専門家によって何をどこまで行なってくれるのかが異なるため、事前にしっかり確認しましょう。

財産目録

遺言者 ＿＿＿＿＿＿＿＿＿＿＿＿＿＿＿＿

作成日　　年　月　日

財産名	細目	詳細	所在等	価額（円）	受遺者①	受遺者②
合　計				円		

※財産目録の書き方は194ページ参照のこと

残念な実例が教えてくれる
「きちんとした、もめない遺言書」の書き方・のこし方

目次

1章　残念な実例①　そもそも無効な遺言書

2章 残念な実例② 争いのもとになる遺言書

3章 残念な実例③ 税務リスクのある遺言書

4章 残念な実例④「わだかまり」をのこす遺言書

5章 残念な遺言書を書かないために知っておきたいポイント

1章

残念な実例①
そもそも無効な遺言書

この章では、効力を持たない遺言書の記載を紹介していきます。そもそも法的に問題があるものばかりです。そのため、この章で紹介する事例が生じ得るのは、公証役場で作成する公正証書遺言ではなく、「自筆証書遺言」のケースのみと考えてください（自筆証書遺言と公正証書遺言の違いについては176ページ以降で解説します）。

有効か無効か迷うような遺言書は家族に精神的にも金銭的にも負担をかけるだけ

ただでさえやるべきことが多い相続発生直後なのに！

相続が起きた後、自筆証書遺言を見つけた人は、遅滞なく家庭裁判所に提出し、遺言書の内容を明確にして遺言書の偽造・変造を防止するための手段である**検認**を受けなければなりません。しかし、有効か無効か判断に迷う遺言書があった場合、そもそも検認をすべきかどうなのか、まずここでみんな悩んでしまいます。

たとえば、全文ワープロ打ちや動画・音声での記録など、誰がどう見ても遺言書としての要件を満たさないのであれば、それは法律上の「遺言書」ではないため、検認をする必要はありません。一方で、たとえ内容が曖昧であっても、法律上の「遺言書」にあたる可能性がある場合、検認をすることになります。

遺言書が封印されている場合は勝手に開けてはならず、検認の場で開封しなければなりません。家庭裁判所へ検認を申し立て、相続人への通知期間も経て、その後ようやく開催された検認の場で初めて内容を目にすることになるのです。

検認という慣れない手続きを済ませたにもかかわらず、出てきた遺言書が手続きに使えなかったり判断に迷う内容だったりすれば、家族の精神的疲弊は計り知れません。

ここからさらに法務局や金融機関等に出向き、「この遺言書は手続きに使えそうかどうか」という確認を行ない、交渉をしていきます。

また、**遺言書の内容に納得しない他の相続人などから、「この遺言書は無効ではないか」と争いを提起されることもあります。**こうなると弁護士などに依頼をして間に入ってもらう必要があり、時間と費用はさらに必要になります。

とにかく、自分1人で安易に作成した遺言書は、無効になるリスクを多大にのこします。「無効な遺言書」「有効か無効か判断に迷うような遺言書」をのこせば、のこされた家族に精神的にも金銭的にも負担をかけてしまうことになるのです。

それでは次ページから具体例を見ていくことにしましょう。

1 抽象的な表現が盛りだくさん。謎が満載のポエム調の遺言書

遺言書

私の人生は決して楽なことばかりではありませんでした。幼くして父を亡くし、母が女手一つで育ててくれ、幼少期はいろいろなことに耐えてきた思いです。

しかしその後、十年前に亡くなった夫と結婚し、子どもたちにも恵まれて、幸せな人生だったと今は思います。

①長男の隆夫と長年連絡が取れないことは

①連絡が取れない子がいるのであれば、相続手続きは非常に大変になります。より慎重に作成した遺言が必要です。

心残りではありますが、恵子が一緒に暮らしてくれ、とても嬉しく思います。

②私の死んだあとのことは、恵子にすべて任せます。もし、隆夫が帰ってきたときは、よろしく伝えてください。

③孫たちにも、いくらかお金を分けてあげてね。

○年○月○日
甲野花子　㊞

②「任せる」という表現は避けたほうがよいでしょう。「財産を全部相続させる」という意味なのか、「財産を分ける配分を任せる」のか、または単に「葬儀等の祭祀を任せる」ということなのか、判断がつきにくいためです。

③相続人ではない孫に財産を渡したいのであれば、この書き方では問題があります。

ポイント

- 誰に何を渡したいかが明確に記載されていない
- 「任せる」は解釈が困難なので避けたいワード
- 孫への贈与は税金の問題が発生しやすいので要注意

「遺言書」と「お手紙」がごちゃ混ぜになりがちな自筆証書遺言

自分でつくる自筆証書遺言に散見される事例です。残念ながら、この文章では、相続が起きた後、恵子さんがこの遺言書を持って不動産の名義変更や預金の解約に回ったところで、手続きはできない可能性が高いでしょう。**「全文自筆」「氏名を明記」「日付を書く」「押印」などの表面的な要件さえ揃っていればよいわけではない**のです。

遺言書は、「相続が起きた後、誰に何を渡すか」等を決める法律文書ですから、「誰に何を渡したいか」を明確に記載する必要があります。そのうえで想いを伝えたいのであれば、遺言書の末尾に「付言事項」と明記して、そこに記載してください。

そして、**「任せる」という言葉は解釈が困難なので使用は避けたほうがよい**でしょう。「全財産を相続させる」なのか、「財産の配分を任せる」なのか、単に「祭祀等や手続きについて任せる」なのか、判断が難しいためです。財産を渡したいという意図であれば、「私の長女、乙野恵子に全財産を相続させる。」などと明記してください。

また、長男は長年連絡が取れない状況のようです。この場合、長女が単独で手続きをするには内容が曖昧過ぎます。遺言書が手続きに利用できなければ、原則としてまず長男を探し、見つかった場合は遺産分割の話し合いをし、見つからなかった場合は家庭裁判所で不在者財産管理人の選任といった手続き等を行なう必要があります。

いずれにしても手続きは非常に煩雑になり、時間も要するでしょう。**相続人のなかに行方不明の人がいる場合の遺言書は、特に慎重に作成する必要があります。**

さらに、「孫にもお金を分けてほしい」とのことですが、これも問題があります。金額が指定されていない点はもちろんのこと、それ以上に税金の問題があるのです。

仮に花子さんの想いを汲み、長女が相続で受け取ったお金から、長女の子（＝花子さんの孫）2人に500万円ずつお金を渡したとします。すると、これは、花子さんの相続とは別で、単に「長女が自分のお金を子どもたちに贈与した」と見られ、**贈与税がかかる可能性が高い**のです。**孫にもお金を渡したいのであれば、遺言書で誰にいくら遺贈するのかを明記しておいてください。**

2 自分の死後だけでなく妻の死後まで指示。先の先まで指定し過ぎた遺言書

遺言書

一、①私の死後、次に記載の財産を含む私の全財産は、私の妻 好江に相続させる。

(1) 土地
所　在　愛知県一宮市◯◯町一丁目
地　番　一番一
地　目　宅地
地　積　一〇〇・〇〇㎡

(2) 建物
所　在　愛知県一宮市◯◯町一丁目一番地一
家屋番号　一番一
種　類　居宅
構　造　木造瓦葺2階建
床面積　一階　五〇・〇〇㎡

①第1条の内容は、財産もしっかりと特定できているうえ、漏れがなく、まったく問題ありません。

二階　四五・〇〇㎡

(3)

ＡＢＣ銀行　一宮支店　口座番号１２３４５６

７の普通預金

(4)

ＡＢＣ銀行　一宮支店　口座番号７６５４３２

１の定期預金

二、②上記財産は、妻の好江の死後は、長男の一郎にすべて相続させ、その後一郎が死亡した場合には、一郎の長男である定雄に相続させる。その後定雄が死亡した場合に定雄に子があった場合には定雄の長男に相続させ、定雄に子がなかった場合には、一郎の二男である恒雄に相続させるものとする。

〇〇年〇月〇日

甲野太郎　㊞

②問題はココ。この記載は残念ながら法的効果は一切ありません。

ポイント

- 自分の財産の行先を決めることができるのは自分の相続についてだけ。妻のものになった財産の行き先までは口出しできない
- 一部の内容に問題があっても遺言書全体が無効になるわけではない

財産の行き先を先の先まで指定したい場合は生前によく話し合いを

まず、第1条の記載は問題ないと言えるでしょう。財産を渡したい相手が明確に記載されており、財産も具体的に特定されています。また、「次に記載の財産を含む私の全財産」とあるので、財産の漏れもありません。

ちなみに、「すべての預貯金」といった記載のみで個々の金融機関名等を明記していない場合、金融機関によっては手続きに要する書類が増えるなど、手続きをする金融機関サイドの独自ルールを求められることもあります。手続きが煩雑になる可能性があるので、やはりできる限り具体的な財産の記載をしてください。

問題があるのは第2条です。太郎さんは死後の財産の行き先について非常に心配されているようで、先の先まで指定しています。しかし、第2条はすべて無効。遺言書

は、自分の死後の財産の行先を決めることができますが、それは一代のみです。

一旦妻のものになった「元・太郎さんの財産」の行き先をどうするかについては、原則として妻の自由。もちろん長男や孫についても同様です。

ただし、**第2条が無効だからといって遺言書全体が無効になるわけではありません。**妻に全財産を相続させるという第1条は有効な記載として実現されます。

先の先がどうしても心配であれば、生前によく話し合い、妻の死後は長男に渡るよう、妻にも遺言書を書いておいてもらうのも一案です（遺言書は何度でも書き換えができますから、その後、妻が遺言書を書き換えないとは限りませんが）。


その他、信託を活用する方法もあります。信託とは、委託者が遺言等によって信頼できる人（受託者）に財産を名義ごと移転し、受託者が委託者の設定した信託目的に従って委託者の指定する人（受益者）のためにその財産の管理等をすることです。

ただし、その場合には様々なケースを想定してストーリーを組み立てていく必要があり、長期にわたって起こり得る事態を漏れなく想定する必要があるなど、様々なハードルやリスクが残ります。

自分の財産の先の先の行先については、法律で縛るのではなく、のこされる家族に自分の想いを伝え、理解してもらうことで実現に近づけることをお勧めします。

3 遺言書でできない法律行為について言及した遺言書

遺言書

省略

・・・

第3条　私、丙野信子は、夫である丙野良夫と離婚する。

・・・

省略

一方的な行為である遺言書で離婚はできません。

○○年○月○日
丙野信子　㊞

ポイント

- 離婚はお互いの合意をもって行なうのが原則。いわゆる「死後離婚」という手続きは存在するが、遺言書でできる身分行為（法律行為）に離婚は含まれていない

遺言書で離婚できるのが「死後離婚」だと勘違いする人が……

遺言者は長年の想いが積み重なり、このような遺言書を書くに至ったのでしょう。しかし、残念ながら、**いくら遺言書に記載をしても遺言書で離婚はできません**。離婚は、原則としてお互いの合意を持って行なうもの。一方的な行為である遺言では、離婚はできないのです。

最近、「死後離婚」という言葉が各所で聞かれるようになりました。

死後離婚とは、夫婦どちらかが亡くなった場合、生存している側が、亡くなった配偶者の親族との姻族関係を終わらせるために市町村役場に提出する「姻族関係終了届」を指す造語です。

当の配偶者は亡くなっているうえ、配偶者の親族との関係が終了するということな

■遺言書でできる身分行為、できない身分行為

できるもの	できないもの
・子の認知 ・未成年者の後見人の指定 ・後見監督人の指定	・結婚 ・離婚 ・養子縁組 ・養子との離縁

ので、実質的には「死後の離婚と同様」というイメージなのでしょう。

この姻族関係終了届は、生存している配偶者側の自由意思で提出でき、相手となる配偶者の親族側の同意は必要ありません。

「死後離婚」という言葉から、遺言書で離婚ができると勘違いしてしまいがちですが、遺言書での離婚は不可能です。

亡くなる側からの一方的な離婚はできず、生存した配偶者側からは離婚に準じたこと（相手方の親族との姻族関係を終わらせること）ができる、ということです。

なお、身分行為のうち、遺言書でできることとできないことは上表に示したとおりです。

一方的な行為でできるものは遺言書ででき、双方の合意を持って行なうものは遺言書ではできない、と覚えておきましょう。

4 夫婦仲よく一緒に書いた遺言書

遺言書

私、甲野太郎は、私の財産をすべて長男の一郎に相続させる。

同じく、私、甲野花子は、私の財産をすべて二男の次郎に相続させる。

一郎、次郎、私たちの亡きあとも、仲よく暮らしていってくださいね。

共同遺言は民法で禁止されています。

○○年○月○日

甲野太郎　㊞

甲野花子　㊞

ポイント

- 民法には「共同遺言の禁止」の規定がある
- 遺言書は「人単位」で作成する
- 仲のよい夫婦であっても別々の封筒で保管する

遺言書は1人1つが原則。2人以上が同一の証書ですることはできない

このように、同じ用紙に2名以上が一緒に記した遺言書は、残念ながら無効です。なぜなら、遺言書について規定がされている民法975条で「共同遺言の禁止」という規定があるためです。

> **民法975条**
> 遺言は、二人以上の者が同一の証書ですることができない。

誰かと一緒に遺言書を作成することで、本来の想いと異なった遺言がされてしまう危険があるため、このような定めがされています。

遺言書は、「家単位」や「夫婦単位」でつくるものではなく、「人単位」で作成する

もの。いくら夫婦であっても1人1つずつ作成するべきなのです。

ちなみに、別々の用紙に書いた「夫の遺言」と「妻の遺言」が、同じ封筒に入れられていただけでは、無効とはいえないとされています。

しかし、あえてリスクがあることを承知で有効か無効かのギリギリのラインを攻める必要はないですから、**遺言書は「1人1つ」という原則を守り、別々に作成・保管する**ようにしましょう。

5 「家は長男。お金は長女に」財産の特定がマズい遺言書

遺言書

①私の家は、長男の和夫がもらってください。

②私のお金は、長女の由美子がもらってください。

それ以外の財産は、二人で話し合って決めてください。

①「家」は通常、建物を指しますが、この遺言書では土地も含まれるのかが曖昧です。

②お金には預貯金も含まれているのでしょうか。預貯金は厳密には「お金」ではありません。

〇〇年〇月〇日
甲野三郎　㊞

ポイント

- 異なる解釈が生じ得る遺言書は手続きできない可能性大
- 不動産は登記簿謄本の情報を使って具体的に記載する
- 預貯金は金融機関名・支店名、種類・口座番号を記載する

相続人の関係性によっては手続きが止まってしまう可能性を秘めた遺言書

この遺言書は、「無効」かどうかと問われれば無効とは言いきれません。しかし、三郎さんが亡くなったあと、この遺言書を使って手続きをするのは難しいでしょう。

まず、「家」は長男に渡したいとのことですが、ここで言う「家」とは何を指しているのでしょうか。

「家」は通常、建物のことを指します。

では、この家が建っている敷地である「土地」も三郎さんのものである場合、この遺言書で「土地」は、「家」に含まれるのでしょうか。原則として、この遺言書では、土地の名義変更まではできないでしょう。

また、「お金」は長女に渡したいとのことですが、預貯金は「お金」に含まれると

考えてよいのでしょうか。

預貯金は厳密に言えば「お金」ではありません。**預貯金は金融機関に預けたお金を返してもらう権利であり、「債権」です**。そのため、長女に渡すとした「お金」に預貯金を含んでよいのかどうかは解釈が微妙なところです。

そして、金融機関は相続人同士の争いに巻き込まれることを避ける傾向にあります。仮にこのような遺言書を持って長女が1人で銀行に出向いたとしても、三郎さんの預金を長女に払い戻してくれる可能性は低いでしょう。

では、何が必要かといえば通常、預金の払い戻しについて長男の同意を求められます。つまり、長男と長女がそれぞれ納得して、お互いの手続きに協力すればよいのですが、**関係があまりよくない場合、協力が思うように得られないため、そこで手続きが止まってしまう可能性がある**のです。

このような事態にならないためにも、遺言書を作成する際は財産を具体的に特定し、誰がどう見ても異なる解釈が生じないようにしておく必要があります。

不動産は全部事項証明書をもとに具体的に特定する

まず、長男に渡す自宅の土地建物は次ページのように記載します。

一、私の財産のうち次の財産は、私の長男 甲野和夫（昭和三四年一月一日生）に相続させる。

（1）土地

所　在　愛知県常滑市○○一丁目

番　地　一番

地　目　宅地

地　積　二○○・○○㎡

（2）建物

所　在　愛知県常滑市○○一丁目一番地

家屋番号　一番

種　類　居宅

構　造　木造瓦葺2階建

床面積　一階　一五○・五五㎡

二階　一○○・二三㎡

（3）上記建物内の家財等の動産すべて

土地、建物については、このように具体的に特定しておくと、手続きがスムーズです。記載している「所在」「地目」等の情報は、すべて**不動産の全部事項証明書（登記簿謄本）に書かれていますので、情報をそのまま書き写しましょう。**

不動産の情報は、「土地」「建物」それぞれに分かれて登録されており、この情報が記載された全部事項証明書は、最寄りの法務局で取得することができます。

ただし、自宅の土地建物であっても、その土地や建物の所在地と住所の表記は多少異なることもあります。また、土地が二筆以上に分かれている場合もありますので、「固定資産税の課税明細書」の不動産の一覧が書いてあるページで自分が持っている不動産を確認のうえ、法務局に出向く際にも持っていくとよいでしょう。固定資産税の課税明細書は、毎年5月ごろに、市町村役場から届く、固定資産税納付のための書類です。（※）

※　土地や建物を共有している場合には、共有者それぞれに課税明細書が送られるわけではなく、代表者1人に届きます。また、あまりにも評価の低い不動産の場合には課税がされず、課税明細書が送られてこない場合もあります。そのため、課税明細書はあくまで参考として使用し、他にも持っている不動産に心当たりがあれば、遺言書作成時に漏れないように注意しましょう。

預貯金についても金融機関名・支店名・「普通預金」「定期預金」等の種類・口座番号を記載し、特定できるようにしてください（以下の遺言書も参照）。

二、私の財産のうち次の財産は、私の長女 甲野由美子（昭和三六年一月一日生）に相続させる。

（1）預貯金
金融機関　A銀行　常滑支店
種　　類　普通預金
口座番号　1234567

（2）預貯金
金融機関　B銀行　常滑支店
種　　類　定期預金
口座番号　8901234

（3）預貯金
金融機関　ゆうちょ銀行
種　　類　通常貯金
記号番号　12000-12345678

この情報は、預貯金通帳を見れば載っているので、そのまま書き写してください。

なお、原則として**預貯金金額までは記載する必要はありません**。

手続きを長引かせるような遺言書をのこしてはいけない

また、**「それ以外の財産は、二人で話し合ってください」との記載ですが、これも避けたほうがよい表現です。**

せっかく遺言書をのこすのであれば、すべての財産について行先を指定しておきましょう。

これについては72～79ページで詳しく解説します。

このように、遺言書を作成する際は異なる解釈の余地がないよう、きちんと財産を特定して記載しておくことが必要です。

せっかく遺言書を作成しても、相続が起きた後で手続きに使えなかったり、手続きを長引かせてしまったりするようでは意味がありません。曖昧さをのこさないよう、1つひとつ丁寧に記載してください。

2章

残念な実例②
争いのもとになる遺言書

この章で解説する遺言書は、表面上の話だけで言えば法的な要件自体は満たしています。しかしながら、「問題のない遺言書」をつくるためには、形式的な要件を満たすだけでは不十分です。「問題のない遺言書」というイメージが強い公正証書遺言でも、この章で紹介するような遺言書をつくってしまう可能性はあります。

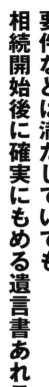

要件などは満たしていても
相続開始後に確実にもめる遺言書あれこれ

表面上は「よくできた遺言書」なのですが……

1章では、そもそも形式上の要件を満たさないような「無効になる遺言書」を解説しました。このような「そもそも無効の遺言書」は、公正証書遺言では原則として作成できません。そのため、特に法的な確認の入らない、自筆証書遺言の場合にのみ注意すればよい内容です。

一方、この2章で解説する遺言書は、表面上の話だけをすれば、法的な要件自体は満たしています。つまり、形式上の要件は満たしている自筆証書遺言や、「問題のない遺言書」というイメージを持たれるであろう公正証書遺言なのですが、実際は「問題あり」の実例です。

問題のない遺言書をつくるためには、書き方などの形式的な要件を満たすのみでは足りません。これに加えて、

- 実際に相続が起きた後、作成した遺言書がどのように使われるのか
- 財産をのこされた人が何をしなければいけないのか
- 遺言書をつくった後で状況が変わったらどうなるのか
- のこされた家族が遺言書を見たときにどう感じるのか

などなど、多岐にわたる検討が必要です。

こういった検討が漏れていると、せっかく作成した遺言書が手続きに使えなかったり、大切な家族の間に争いを生じさせたりなど、トラブルのもとになりかねません。

この章では、表面上は問題がないものの、相続開始後、実際に手続きを行なおうとした際に問題が生じてしまう遺言書をいくつか紹介していきます。書き方等の形式面よりも、検討すべき事項や考え方について押さえておきましょう。

遺言書がなかった場合、どんな手続きをすることになるか

そもそも、遺言書の役割とは何なのでしょうか。

仮に遺言書がないまま、どなたかが亡くなった場合の手続きを見ていくことにしましょう。この場合、故人の持っていた不動産の名義を変えたり、故人名義の預金を解約したりするためには、原則として次のような手続きが必要になります。

1、相続人の状況と、財産の状況を確認する
2、相続人全員で話し合い（「遺産分割協議」と言います）をして、「この不動産は、相続人のうち誰がもらうのか」「この預金は、相続人のうち誰がもらうのか」等、財産の行先を具体的に決定する
3、2の結果をまとめた遺産分割協議書を作成し、相続人全員が実印を押す
4、3で作成した遺産分割協議書の内容に基づいて、不動産の名義変更や預金の解約など具体的な手続きをする

このような手続きを踏み、ようやく故人の財産が相続人のものとなるわけです。

欲深い人やお金持ちだけがもめるわけではない！

このなかで特に注意が必要なのは「2」と「3」の段階です。
仮に、長男、二男の2人が相続人である場合、長男が「自宅不動産は自分がほしい」

と言い、また二男も「いや、自宅不動産は自分がもらう」と言い始めたら、話し合いはまとまらないわけです。

また、長男が「自分は自宅不動産をもらうけど、自宅は今後も守っていくものであり、売るわけではないから、預貯金は預貯金で、きっちり半分に分けよう」と言い、二男が「それはおかしい。長男は自宅をもらうのだから、その分、預貯金は自分がすべてもらうべきだ」と主張するような場合もあります。

相続の争いは、「財産がたくさんほしい」というような単純なものばかりではなく、家族の間で長年抱えてきた想いなどの感情面や、価値観の違いなど、複雑な事情が相まって生じることが少なくありません。

「相続争いなんて一部の欲深い人だけに起きる問題だ」「相続で争うなんて、お金持ちだけに関係ある話」などと話す人がいますが、そう一概に言えるものではないのです。

とにかく、この話し合いがまとまらないことには、相続手続きは先に進まず、原則として故人の預金を引き出すこともできません。

本人同士の話し合いでらちが明かない場合には、調停や審判等、裁判所へ舞台を移すことになります。

こうなれば結論自体は出るのですが、弁護士等に依頼をすれば費用もかかりますし、結論が出るまでに時間もかかります。

そして何より、兄弟など血縁の近しい者同士で、このような争いになってしまうこと自体が、すでに不利益なのです。**裁判の結果、仮に自分の主張がとおったところで、争った相手と、その後これまでどおりの親戚づきあいをしていくことは容易ではありません。**

これは財産をのこしてくれた故人が望んだ結果なのでしょうか。

相続の争いは、他人同士の争い以上に、万が一勃発してしまった場合に失うものが多いのです。

遺産分割協議を必要とする事態にならないためにも、しっかり「検討」を！

仮に、財産の特定や記載内容等、まったく問題のない遺言書があれば、「2」の話し合いや「3」の遺産分割協議書は必要ありません。相続人同士で話し合ったり、その結果をまとめたりするまでもなく、遺言書で財産の帰属先が決まっているためです。

あとは法務局や金融機関などの各手続き先にその遺言書を持参し、粛々と手続きを行なっていけば手続きが進みます。**「遺言書があれば相続争いを防ぐことができる」**と言われる理由は、ここなのです。

しかし、たとえ遺言書があったとしても、その遺言書のみでは手続きができず、遺産分割協議書が必要になってしまう場合があります。それは、遺言書をつくる段階で必要な確認や検討が漏れていたり、記載内容に問題があったりする場合です。

つまり、**遺言書さえ書けば何でもよいわけではなく、中途半端な遺言書をのこすと、問題のない遺言書があれば不要であったはずの相続人同士の話し合いが必要になってしまう**のです。

せっかく遺言書をのこしたにもかかわらず、遺産分割協議が必要になった結果、争いに発展してしまったり、手続きを進めることができなかったりすれば、一体何のために遺言書をのこしたのか、悔やんでも悔やみきれません。

このような困った事態にしないため、本章の内容を参考に、検討すべき事項について漏れのないように作成しましょう。

6 「全財産の３分の２を長男に」などと財産の割合を指定した遺言書

遺言書

遺言者は、遺言者の有する不動産、預貯金、有価証券等一切の財産のうち、３分の２を、遺言者の長男 甲野一郎 に相続させ、３分の１を、遺言者の二男 甲野次郎 に相続させる。

書き方としては認められているものなので「有効」と言えますが、この遺言書のみでは実際の相続手続きができず、遺産分割協議が必要になってしまいます。

〇〇年〇月〇日
甲野太郎　㊞

ポイント

- 包括遺贈の場合、原則として遺産分割協議を必要となる
- 記載の簡単さや形式面のみに着目せず、手続き時点の流れもきちんと想定する

財産の割合を示す「包括遺贈」と財産ごとに渡す相手を指定する「特定遺贈」

太郎さんには2人の息子がいます。現在、太郎さんは長男一家と同居中で、二男は少し離れた地域で暮らしていることもあり、年に数回顔を見せる程度です。

ある日、太郎さんは相続での取り分は兄弟間で平等であることを知り、別の日に二男が、「今の法律では長男も二男も相続での取り分は同じ」と言っていたことも気になって、世話になっている長男に財産を多めにのこすため遺言書を作成しました。

遺言書で、渡す財産を指定するには2つの方法があります。

1つは「3分の1」「3分の2」など、財産を割合で指定する方法。このような書き方を**「包括遺贈」**と言います。

もう1つは、次のように財産を特定し、それぞれについて渡す相手を指定する書き方で、これを**「特定遺贈」**と言います。

遺言書

遺言者は、遺言者の有する次の財産を、遺言者の長男 甲野一郎に相続させる。

一、土地
愛知県東海市○○1丁目1番
宅地　150・00㎡

二、建物
愛知県東海市○○1丁目1番地
家屋番号　1番
木造瓦葺2階建　居宅
床面積　1階　100・00㎡

2階　80・00㎡

三、ABC銀行　東海支店の預金すべて（口座番号1234567の普通預金、口座番号　1111111の定期預金等）

（以下省略）

金融機関側が「誰に払い戻せばよいのか」と迷う余地を与えない内容にしよう

法的なことのみを言えば、包括遺贈も特定遺贈も遺言書の書き方として認められており、「有効か、無効か」と聞かれれば、いずれも有効です。しかし、本例のような包括遺贈は、遺産分割協議が必要になってしまう点が致命的です。

仮に太郎さんが他界した後、太郎さんの預金300万円があった銀行に、長男がこの遺言書を持って手続きに行ったとします。**この場合、300万円の3分の2である200万円を長男に払い戻す対応をする金融機関はほとんどありません。**

なぜなら、遺言書には「全財産の3分の2」を長男に相続させるという記載がある

■包括遺贈と特定遺贈の違い

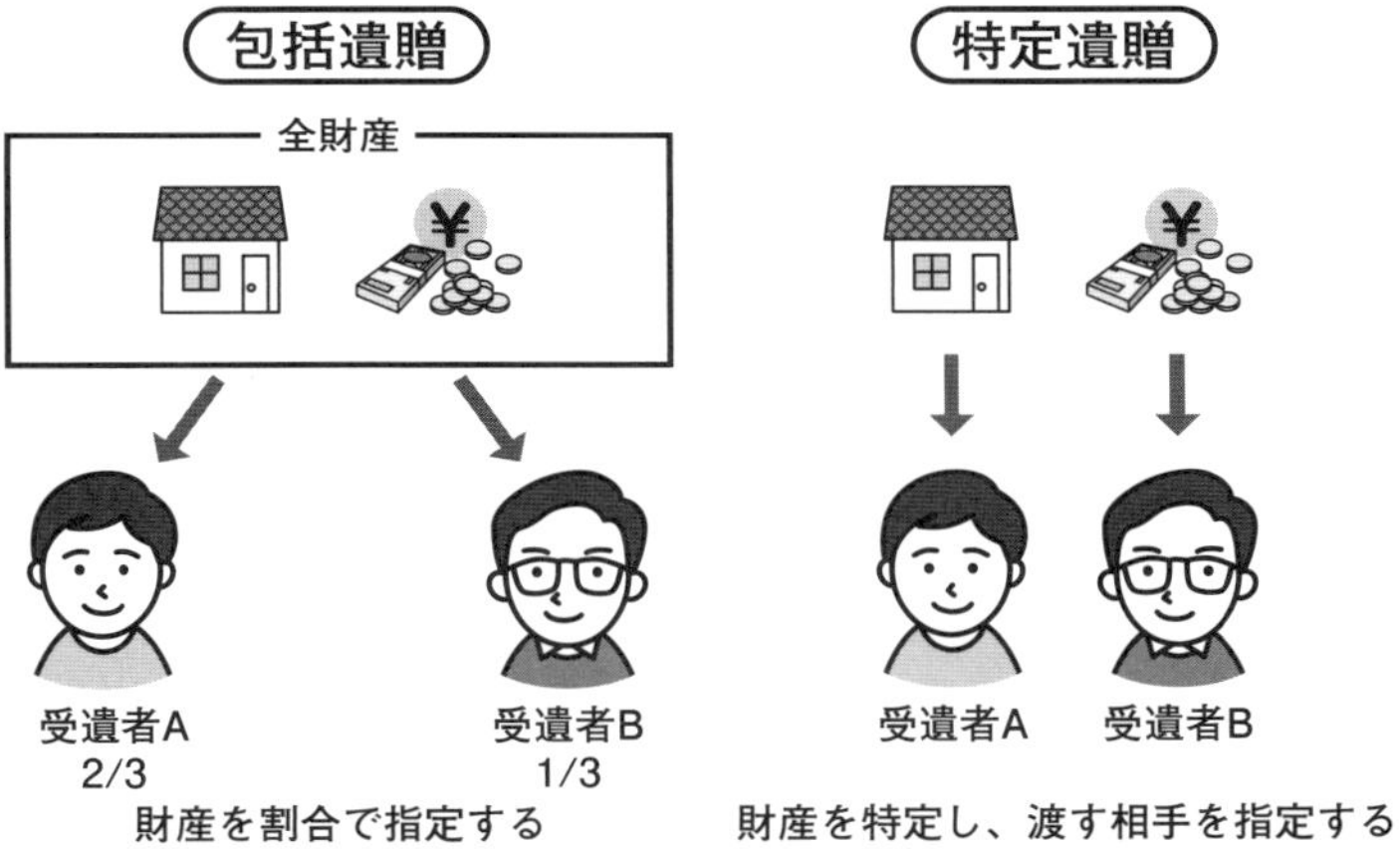

のみなので、

「不動産も3分の2と3分の1の割合で共有にしたうえで、預貯金もそれぞれの金融機関の分を長男と二男が3分の2と3分の1の割合で相続する」

のか、あるいは、

「全財産の3分の2にあたる不動産を長男が相続し、預金はすべて二男が相続する」

など別の分け方をするのか、この遺言書のみでは判断ができないためです。曖昧さがある内容なので、**すんなりと預金を引き出すことは不可能です。**

預金の払い戻し手続きを行なうためには、原則、長男と二男が話し合い、「具体的にどちらがどの財産をもらうか」を決め、その結果をまとめた遺産分割協議書等が必要なのです。銀行は、この遺産分割協議の結果をもとに預金の払い戻し等の手続きに応じることになります。

話し合いがまとまらなければ、遺言書がなかった場合と同様に、裁判等に発展する可能性があります。

その裁判で主張できるそれぞれの取り分が、遺言書がなかった場合の「長男、二男それぞれ2分の1相当分」から、この遺言書によって「長男が3分の2相当分、二男が3分の1相当分」に変更されているだけなのです。

包括遺贈のほうが、記載自体は楽なので、このような遺言書をつくろうとする人もいるかもしれません。しかし、安易に割合のみで指定してしまうのではなく、**包括遺贈の場合には、原則として遺産分割協議が必要になるということを知ったうえで、判断するようにしてください。**

なお、割合での記載が一概にダメというわけではありません。

少し難しい話になりますが、たとえば、不動産のみは特定遺贈で長男に相続させると個別に明記したうえで、預貯金等の金融資産は遺言執行者（104〜113ページで解説します）で解約換金し、その換金された額の3分の2を長男に、残りの3分の

1を二男に相続させると記載する方法などもあります。

この場合、故人の預金を払い戻すにあたって、原則として遺産分割協議は必要ありません。なぜなら、金融機関が「結局、誰に払い戻せばよいのか」と迷う余地はなく、遺言執行者に対して払い戻せばよいことが明白なためです。

また、1人の相手に対して全財産を相続させる（遺贈する）という場合にも、包括遺贈で問題はありません。

この場合にも、その1人に対して預貯金を払い戻したり不動産の名義を移転すればよいことは明らかだからです。

問題になるのは、本例のように、不動産も預貯金もひっくるめて、複数の人に対して「3分の2を長男に、3分の1を二男に」などと定める場合です。この場合は遺言書がない場合と同様、遺産分割協議が必要になってしまいます。

遺言書を作成する際は、記載の簡単さや、形式面のみに着目するのではなく、作成した遺言書を使って実際に手続きをする際の流れまで想定し、内容を検討するようにしましょう。

このあたりは少し複雑なところではありますので、少しでも迷ったら専門家に相談することをお勧めします。

7 他人や活動を応援したい団体などに安易に「寄付をします」と書いた遺言書

遺言公正証書

・（省略）
・

第五条　私の財産のうち、次の財産は、X病院に遺贈する。

1、土地
所在　岐阜県恵那市○○○
地番　一○○番
地目　山林
地積　一、○○○㎡

遺言でいくら「遺贈する」旨の記載をしても、相手方に受け取る義務が生じるわけではありません。

寄付の受入れ体制のある団体であっても遺留分を侵害しているような寄付や、使い勝手の悪い不動産の寄付は放棄される可能性が高いでしょう。

2、現金　一、〇〇〇万円

・

・（省略）

第八条　遺言者は、本遺言の遺言執行者として、遺言者の長女　乙野清美　を指定し、本遺言の執行に関する権限を授与する。

・

・（省略）

・

・（省略）

ポイント

- 「遺贈する」と書いても受遺者側に受け取る意思がなければ拒否される
- 遺留分を侵害した遺言書はトラブルのもとになる
- 遺言執行者を選任しない寄付の手続きは非常に煩雑になる

寄付候補先に受入れの可否を確認してから遺言書を作成する

乙野久司さんには、妻と、比較的余裕のある家に嫁いだ2人の娘がいました。すべての財産を家族に渡すのではなく、社会貢献として、活動方針に共感できるX病院を見つけ、その活動に役立ててほしいと考えて、近くの公証役場で先の遺言書を作成したようです。

遺言では、子や配偶者、親族に財産を渡すことができるほか、まったくの他人やお世話になった団体、活動を応援したい団体等へ財産を遺贈（寄付）することもできます。

乙野さんがX病院に遺贈するとした記載自体に問題があるわけではありません。しかし、形式からは読み取れない懸念事項が2点あります。

まず1つは、寄付先である「X病院」がこの寄付を本当に受け入れてくれるかどうかという点です。**遺言書でいくら「遺贈する」と書かれたところで、相手側に受け取る義務が生じるわけではありません。**受遺者側に受け取る意思がなければ、拒否されます。

仮に、X病院に遺贈を放棄されてしまえば寄付は実現されません。X病院に寄付をすると記載した山林と現金は遺言書に書いていなかった場合と同じ状態になり、宙に浮いてしまいます。

宙に浮いてしまった財産は、改めて相続人全員で誰がもらうのか話し合いをしなければならず、話し合いがまとまらない場合や相続人のなかに認知症の人などがいる場合は、手続きがなかなか先に進みません。

なお、**遠方の山林など使い勝手の悪い不動産は団体や法人がもらっても処分に困ることが多く、受け取ってもらえる可能性は非常に低い**ものです。

「将来値上がりするかも」と期待して行ったこともない場所の山林を購入したものの、結果的にその処分や管理に困っている人は少なくありません。このような山林の処分に困り、どこかの団体に寄付しようとしても、受け取ってもらえる可能性は高くないということです。

端的な言い方をしてしまえば、「あなたがいらないものは団体だっていらない」のです。

また、現金や預金といった金融資産であれば必ず受け取ってもらえるかと言えば、これもケースバイケース。**事務手続きの煩雑さや課税上の問題、考え方やその他諸々の事情で、たとえ金融資産であっても、寄付を受け入れていない団体も少なくない**のです。

筆者は、遺言者の作成をサポートするにあたり、これまでいくつかの団体に寄付の受入れの可否を確認しています。その結果、問合せをしたうちの3分の1ほどの団体が、「お気持ちはありがたいが、お断りしたい」との回答でした。

いざ相続が起きてから受入れを断られ、財産が宙に浮いてしまわないために、寄付をする内容の遺言書を作成する前に、必ず寄付候補先に受入れの可否を確認するようにしましょう。事前に確認をして受入れ体制がないことがわかれば、別の寄付候補先を検討することができます。

遺留分を侵害した遺言書はトラブルのもと

そして、**もう1つの懸念事項は遺留分**です。

これは94~103ページで詳しく解説しますが、一定の相続人には**遺留分**という、相続人に法律上確保された最低限度の財産保証があり、遺留分を侵害した遺言書はトラブルのもとになります。

仮に財産の大部分を寄付する内容の遺言書をつくったとすれば、遺留分の減殺請求をされる可能性が極めて高いものです。

さらに、寄付をした財産の大半が金融資産であればまだよいのですが、大半が不動産など、分けられないものである場合は団体側も対応に苦慮することになりかねません。金額や内容等にもよりますが、団体としても相続争いに巻き込まれてはたまったものではないですから、いくら寄付自体の受入れ体制のある団体であっても、遺留分を大いに侵害しているような寄付は放棄される可能性が高いでしょう。

事前の確認が不足していたり、遺留分の考慮が漏れていたりすれば、その想いは実現しません。受入れ体制の確認や遺留分侵害の有無を検討したうえで遺言書を作成してください。

なお、遺言書で寄付をする場合には、遺言執行者（104~113ページで解説します）を選任しておかなければ、その手続きが煩雑になります。寄付をする場合は必ず遺言書のなかで遺言執行者を定めておきましょう。

8 「財産らしい財産」の不動産だけに言及した遺言書

遺言公正証書

第一条　遺言者は、遺言者の有する次の財産を、遺言者の長男 丙川武に相続させる。

1、土地
宅地　一五〇・〇〇㎡
愛知県名古屋市熱田区〇〇一丁目一番

2、建物
愛知県名古屋市熱田区〇〇一丁目一番地
家屋番号　一番　居宅
木造瓦葺二階建
床面積　一階　一〇〇・〇〇㎡
二階　八〇・〇〇㎡

主要な財産以外の財産を無視した遺言書は、預貯金の扱いが争いの火種になる可能性があります。

（本旨外要件）
愛知県名古屋市熱田区○○一丁目一番一号
職業　無職
丙川清
昭和一〇年一月一日生
・
・
（省略）

ポイント

- 「財産は不動産だけ」というケースは実際は稀
- 遺言書で預貯金に触れた後も、預貯金の使用や処分が制限されるわけではない
- 主要な財産以外を無視すると「遺留分侵害」を見落とす可能性がある

金額の多寡にかかわらず預貯金があるケースがほとんど。財産は漏れなく記載を！

丙川清さんには長男と長女の２人の子どもがおり、現在は長男一家と同居しています。

財産は評価額１５００万円相当の自宅不動産と、５００万円程度の預金。「預金は今後も使って減っていくし、大した額ではないので遺言書にまで書く必要はないだろう」と考え、特に言及せず、自宅の土地と建物だけを記載した公正証書遺言を作成しました。

この遺言書の一番の問題は、不動産以外の財産について一切言及がない点です。

不動産は一般に価値も高く、自身の財産のなかで最も高価なケースも少なくありません。筆者の相談者にも、「財産らしい財産は不動産だけで、預貯金はたいしたことはないから、不動産だけカバーしておきたい」と話す人が少なくありません。

しかし、いくら不動産がメインの財産だからといって、その他の財産を無視して遺言書をつくるのはお勧めできません。のちに思いもよらぬ問題が生じる可能性があるからです。

実際に相続が発生すると、まず、長男が法務局に出向くか司法書士に依頼をし、遺言書に記載のとおり指定の土地・建物を自身の名義に変えます。ここまでは、問題ありません。

問題はここからです。**財産が本当に不動産のみであればよいのですが、他の財産がまったくないというケースは稀。**「財産は不動産だけ」と言いつつも、金額の多寡にかかわらず、いくらかの預貯金がある場合がほとんどです。

仮にA銀行に清さんの預金500万円があった場合、これは誰が相続するのでしょうか。

法的な話のみで言えば、長男はすでに1500万円相当の不動産を引き継いでいますから、生前贈与等の事情がなければ預金は長女がもらうべきでしょう。しかし、A銀行が自動的に長女に払い戻すわけではありません。A銀行からすれば、公正証書遺言を見ることで清さんの不動産が長男に渡ったことは認識できますが、財産の全体像まではわからないためです。

また、長女が財産の一覧表をA銀行に出したところで、「本当に清さんの全財産は1500万円相当の不動産とA銀行の預金のみ」であったのか、「じつはこの他にも2000万円等の多額の預金があり、すでにその預金は長女がもらっているのにA銀行に隠している」のか等の判断も困難です。

また、A銀行の預金について「長男が相続する」という遺産分割協議をした可能性もありますが、これも銀行にはわかりません。

そのため、払い戻しに際しては、通常、「この500万円の預金を長女に払い戻すこと」に対しての、他の相続人（この例では長男）の同意を求められます。

このとき、長男がすぐに同意すればよいのですが**「自宅不動産は売るわけでもないので、預金は預金で半分にしよう」**とか、**「嫁に行った長女ではなく、家を継いでい**

く長男がこの預金もすべてもらうべきだ」という考えを持っている可能性もあります。この場合には、簡単に同意はしてくれず、手続きの長期化や相続争いへ発展する可能性もあるのです。

遺言書で預貯金の行先を指定していなければ、不要な手続きを行なうことになったり、争いの火種になったりする危険性があるということです。せっかく遺言書を作成したにもかかわらず、裁判等で争うことになれば、のこされた方々にとって非常に不利益です。

なお、遺言書に不動産等のメインの財産のみを書いて、預貯金を記載しない理由の1つとして、「遺言書作成後もお金を使うので、預金の額が変動するからまだ書けない」と考えている人もいるようです。

しかし、この心配はいりません。

まず、**遺言書を作成したからといって自分のお金が使えなくなるわけではありません**。遺言書は相続が発生した時点で効力が生じるもの。遺言書に書いた財産の使用や処分が制限されるわけではないのです。自分の財産なのですから、当然と言えば当然ですね。

さらに遺言書には通常、預貯金の金額まで記載するわけではありません。金融機関名、支店名、「普通預金」「定期預金」等の預貯金の種類、口座番号といった、金融資産を特定するための情報は記載しますが、残高までの記載は必要ないのです。

ちなみに、公正証書で遺言書を作成する場合には、通常、公証役場に預貯金の通帳のコピーを提出します。具体的には、「口座番号等のわかる表紙裏のページ」と「現在の残高のページ」のコピーです。

口座残高を遺言書に書かないのに、なぜ残高のページを出すのかというと、公証役場の手数料を計算するためというのが主な目的の1つです。遺言書に金額を記載するためではありません。

そのため、あえて遺言書から預貯金の記載を除外する理由はないはず。**遺言書には主要な財産以外も記載してください。**

厳密には、家財道具や相続開始時に財布に入っていた現金等、細かいものもすべて相続財産ですので、こういったものについても遺言書内で行先を決めておくべきです。

とはいえ、これらを1つひとつ明記するのは現実的ではないので、このような**細かい財産をまとめて、「上記に記載のない財産はすべて、長男○○に相続させる。」等の一文を入れておくと安心**です。

財産一覧を作成して全体像をつかんでおこう

さらに、遺言書を作成する段階で主要な財産以外の財産を記載しないことのもう1つのリスクとして、**遺留分侵害を見落とす可能性**が挙げられます。

遺留分については94〜103ページで解説しますが、遺留分を侵害した遺言書は後のトラブルのもとです。

遺言書を作成する段階で財産の一覧を作成するなどして財産の全体像をつかんでいれば気づけたはずの遺留分侵害を、主要な財産以外を無視することで見落としてしまう危険性があるのです。

この意味においてもやはり、遺言書を作成する際は、財産の全体像を見たうえで、それぞれの財産の行先を明記することをお勧めします。

9 自分よりも先に長男が……。悲しみに追い打ちをかける遺言書

遺言公正証書

第一条　遺言者は、遺言者の有する次の財産を、遺言者の長男 乙田信夫に相続させる。

1、土地
岐阜県岐阜市◯◯一丁目一番
宅地　一八〇・〇〇㎡

2、建物
岐阜県岐阜市◯◯一丁目一番地
家屋番号　一番　居宅
木造瓦葺平家建
床面積　一〇〇・〇〇㎡

第二条　遺言者は、遺言者の有する次の財産を、遺言執行者にて換価させ、その換価金からまず金二、〇〇〇万円を乙田信夫に相続させ、その余の全額を

遺言者の立場からすれば自分より先に子どもが亡くなることなど想像もしたくないかもしれませんが、「問題のない遺言書」をつくるには「万が一」に備えた記載が不可欠。次の候補者を定める「予備遺言」の条項を入れておきましょう。

遺言者の二男 乙田良夫に相続させる。
1、A銀行岐阜支店の一切の預金（普通預金　口座番号0000001、定期預金　口座番号0000002等）
2、B信用組合岐阜支店の一切の預金（普通預金口座番号0000003等）
第三条　本遺言の執行者として、行政書士　行政太郎 を指定する。
・・・・（省略）・・・・（本旨外要件）
岐阜県岐阜市◯◯一丁目一番地
職業　無職
乙田恵子
昭和八年一二月三一日生

ポイント

- 財産を渡す人が遺言者より先に亡くなると原則、渡すと記載されていた財産は「書かれていなかった」のと同じになる
- 相続が起きる順番はわからない。予備遺言で万が一に備えたい

親より先に子が亡くなった場合はこうなる

数年前に夫の遺産をすべて引き継いだ乙田恵子さんは、「終活」の一環として、専門家に相談し、公正証書で遺言書を作成することにしました。長男と二男の仲は良好とはいえず、争いになるのは確実だと考えたためです。恵子さんの想いとしては長男に全財産を渡したいところですが、遺留分（94～103ページで解説します）にも配慮した内容で完成させました。

しかし、遺言書を作成した数年後、長男が不慮の事故で他界する事態が起こってしまったのです。

この実例をもとに考えたいのは、遺言者より先に亡くなった長男に渡すと書かれている土地建物や預貯金の行方です。

勘違いする人が非常に多いのですが、原則として遺言者より先に遺言者の長男が亡くなったからといって、長男に渡す予定だった財産が自動的に長男の妻や息子（遺言者の孫）に渡るわけではありません。

遺言書で財産を渡す予定であった相手が遺言者よりも先に亡くなった場合、亡くなった人へ渡すと書かれた財産は、原則として、「遺言書に書かれていなかった」のと同じ状態になるのです。

この例で言えば、まず二男に渡すと記載のある部分の預貯金はそのまま二男に渡ります。そして、亡くなった長男に渡すと書いた土地建物と預貯金のうち2000万円は、二男と、長男の代わりに相続人になる長男の息子（遺言者の孫）とで話し合い、どちらがどの財産をもらうのかを決めなければならないのです。

この事例は、そもそも長男と二男の関係がよくありません。この状態で話し合えば争いになる可能性が高いでしょう。悲しみに追い打ちをかける事態です。

遺言者の立場からすれば、自分よりも先に自分の子が亡くなってしまうことなど想像もしたくないことかと思います。しかし、問題のない遺言書をつくるにあたっては、このような「万が一」に備えた記載が不可欠です。

では、具体的にどうすればよかったのでしょうか。

たとえば、本例の記載に加えて、遺言書のなかに、次のような記載を入れておくことが考えられます。

第○条　遺言者の死亡以前に乙田信夫が死亡したときは、乙田信夫に相続させるとした財産は、乙田信夫の長男 乙田悟 に相続させる。

第○条　遺言者の死亡以前に乙田良夫が死亡した時は、乙田良夫に相続させるとした財産は、乙田良夫の長女 乙田京子 に相続させる。

このように、**財産を渡すと書いた相手が遺言者より先に死亡した場合に備えて、次の候補者を定めておく記載を、「予備遺言」と言います**。このような記載があれば、遺言者より先に長男が亡くなってしまった場合にも、長男に相続させるとした財産は宙に浮くことはなく、孫に相続させることができるのです。

相続が起きる順番は、一般的には年齢順や世代順になることが多いとはいえ、正確な順序など誰にも予測できません。

遺言書を書くタイミングでは、「まさか自分より先に息子が亡くなるなんて、ありえないだろう」と思うのが自然かもしれませんが、念のために予備遺言の条項を入れておくことをお勧めします。

将来起こり得ることを想像するのも「問題のない遺言書」を作成するポイント

この例でいえば、長男が亡くなった後に遺言者が遺言書を書き換える対応も可能です。しかし、現実問題として、子に先立たれた親が、自分の遺言書の書き換えのことまで気が回るかというと、そういうわけにもいかないでしょう。

そもそも、「長男が亡くなったので、特に何もしなくても自動的に孫に権利が移る」と誤解していたら、書き換える必要性にさえ気がつかない可能性もあります。

さらに言えば、長男が亡くなったときには遺言者は認知症を患っており、遺言書を書き直すことが難しくなってしまうリスクもあるわけです。

可能性が低いとはいえ、あらかじめ想定できることであれば、後々になって書き換えなくても対応できるように、「念には念を」の記載を入れておいてください。

遺言書はすぐに使う書類ではなく、作成後、年月が経過した後で初めて使用する書類です。問題のない遺言書を作成するには、将来起きる可能性のあることを想像し、対応しておくことがポイントなのです。

10 子のいない夫婦が相互に「財産を渡す」とだけ書いた遺言書

（夫）

遺言公正証書

第一条　次の財産を含む私の一切の財産は、私の妻甲野尚子に相続させる。

1、土地
愛知県春日井市〇〇一丁目一番
宅地　二〇〇・〇〇㎡

2、建物
愛知県春日井市〇〇一丁目一番地
家屋番号　1番　居宅
木造瓦葺二階建
床面積　一階　一五〇・〇〇㎡
　　　　二階　一三〇・〇〇㎡

3、預貯金
金融機関　X銀行　春日井支店
種類　普通預金
口座番号　1234567

子のない夫婦が、お互いに全財産を相続させる遺言書を書いた場合、夫婦の「どちらか」は、必ず先に亡くなります。すると、のこされた側の書いた遺言書は実質的に意味をなさなくなってしまいます。

妻

遺言公正証書

第一条　次の財産を含む私の一切の財産は、私の夫甲野和夫に相続させる。

1、預貯金
金融機関　X銀行　春日井支店
種類　普通預金
口座番号　1234568

2、預貯金
金融機関　X銀行　春日井支店
種類　定期預金
口座番号　9999999

・・

（省略）

・・

ポイント

- 夫婦のいずれもが亡くなったときの「夫婦の財産」をどうするか検討する必要あり
- 兄弟姉妹や甥姪など、財産を託したい人がいれば事前に事情を話しておく

子のいない夫婦は夫婦で築いた財産の「最終的な行方」を明記しておこう

この夫婦は、「自分が先に亡くなったら財産は自動的に配偶者にすべて行く」と思っていたそうです。

ところが新聞記事で、**子のない夫婦の場合、相続人は配偶者と両親になること。両親が他界している場合は配偶者と兄弟姉妹が相続人になり、兄弟姉妹のなかに亡くなった人がいる場合はその兄弟姉妹の子である甥や姪まで相続権が移る**ことを知りました。

妻には2人の姉がいますが、両親の他界後、何十年も行き来がありません。

夫には兄と妹がいましたが、どちらも他界しています。甥（兄の長男）とは頻繁に

■子のいない夫婦の相続権はどこまで移る？

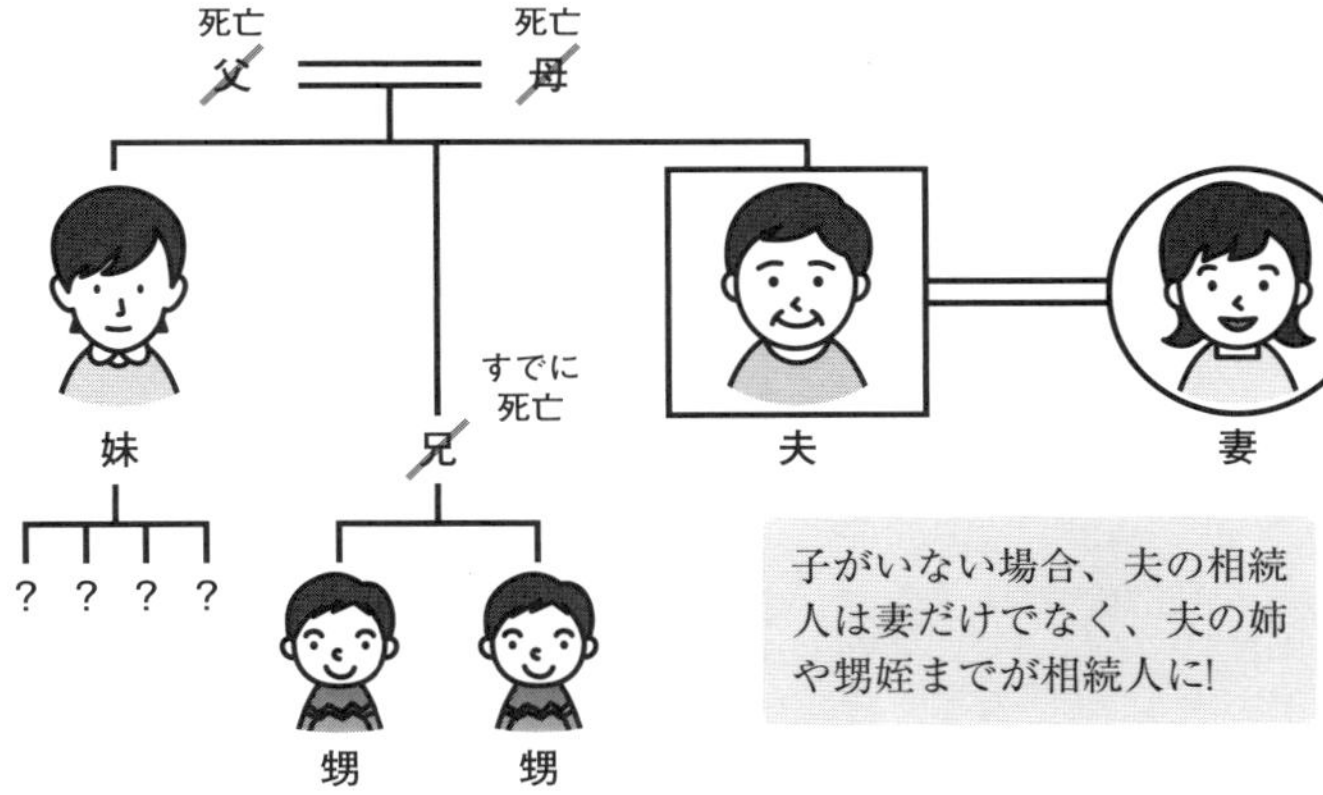

行き来はありますが、もう1人の甥（兄の二男）は海外にいて音信がありません。妹には二度の結婚で計4人の子がいる話は聞いていましたが、詳しい状況は不明です。

このまま相続が起きたら大変と考え、公正証書で作成したのが86ページの遺言書でした。

まず、子のない夫婦がこうした公正証書遺言を作成したこと自体はよいことでした。**遺言書がなければ、音信のない兄弟姉妹や甥姪と残された側の配偶者で相続争いが起こる可能性が高かった**からです。

また、94〜103ページ以降で解説する遺留分は、兄弟姉妹や甥姪である相続人にはありません。そのため、本例の遺言書は遺留分も侵害しておらず、この点でも問題がないと言えます。

では、どこに問題があるのでしょうか。これは、法的なことと言うよりも、時系列を整理していくと気づくはずです。

仮に、妻より先に夫が亡くなったとします。その際は遺言書にしたがって、夫の財産はすべて妻が相続することが可能です。妻は夫の甥姪等と遺産分割について話し合いをする必要もなければ、同意を得る必要もありません。

問題は、その後、妻自身も亡くなったときです。妻の遺言書で財産を渡すと書いた相手である夫はすでにこの世にいません。この場合、妻が遺言書を書いていなかった状態と同じ扱いなります。つまり、**せっかく守り、築いてきた夫婦の財産はすべて、行き来がない姉や、姉がすでに他界している場合はその子である甥や姪のところへ行く**のです。

夫より先に妻が亡くなった場合でも、まったく同じ問題が起こります。

果たしてこれは2人が望んだ結果でしょうか。

夫婦でお互いに全財産を相続させる遺言書を書いた場合、夫婦の「どちらか」は必ず先に亡くなります。その際、**夫婦のうち、のこされた側の書いた遺言書は、実質的**

に意味をなさなくなってしまうのです。

もちろん、夫婦の一方が亡くなったとき、遺言書を書き直すことができれば問題を回避することはできるでしょう。しかし、そのタイミングで遺言書を書き直せる健康状態や精神状態である保証などどこにもありません。

また、この事例は80ページの事例と異なり、「万が一」の話ではありません。夫婦のどちらが先に亡くなるかは誰にもわかりませんが、「どちらか」が先にこの世を去ることは確実です。あらかじめ相手が他界した場合の財産の行先まで、遺言書内に記載しておくべきでしょう。

一般的に、夫婦で築いてきた財産を、行き来のない兄弟に渡すくらいなら、お世話になった人や比較的近しい人に渡してあげたいと考える人は少なくありません。この例では夫の甥が比較的近い間柄のようです。他にも仲のよかった友人や活動を応援したい団体等でも構いません。**「夫婦ともにこの世を去った後、財産を誰に渡したいのか」を検討し、遺言書に記載しておきましょう。**

具体的には、遺言書内に次ページのような文言を入れておきます。

夫の遺言書

第○条　遺言者の死亡以前に甲野尚子が死亡したときは、甲野尚子に相続させるとした財産は、遺言者の甥である、甲野光男（住所　愛知県春日井市○○二丁目二番地　生年月日　昭和三〇年一月一日）に相続させる。

妻の遺言書

第○条　遺言者の死亡以前に甲野和夫が死亡した時は、甲野和夫に相続させるとした財産は、甲野和夫の甥である、甲野光男（住所　愛知県春日井市○○二丁目二番地　生年月日　昭和三〇年一月一日）に遺贈する。

あらかじめ遺言書にこのような記載を入れておくことで、夫婦どちらかが他界した後で遺言書を書き直さなくとも、お世話になった人に財産をのこすことができます。

夫婦でお互いに財産を渡すという遺言書を作成する際は、最終的な財産の行先まで

きちんと検討し、作成するようにしてください。

なお、遺言書は特に財産を渡す相手（この例では、甲野光男さん）の同意がなくても作成可能です。しかし、相続が起きてから受け取りを拒否されてしまえば財産が宙に浮いてしまいます。

また、現実的には、その財産を渡す相手に、夫婦いずれもが他界した場合の葬儀の手配や、身辺の片付けなどを依頼することも多いでしょう。

そのため、66ページで解説した寄付するケース以上に、**財産を託したい相手に事前に事情を話し、同意を得ておくこと**をお勧めします。

11 家庭内別居状態の妻ではなく知人に財産をのこすと記載した遺言書

遺言公正証書

第一条　次の財産を含む私の一切の財産は、甲野弘（住所　愛知県名古屋市東区◯◯一丁目一番地　生年月日　昭和二〇年一月一日）に遺贈する。①

1、土地
愛知県名古屋市中村区◯◯一丁目一番
宅地　二〇〇・〇〇㎡

2、建物
愛知県名古屋市中村区◯◯一丁目一番地
家屋番号　一番　店舗
鉄骨造陸屋根三階建
床面積　1階　一八〇・〇〇㎡
　　　　2階　一八〇・〇〇㎡

①、②ともに遺言者の妻と長女の遺留分を侵害しているため、「遺留分減殺請求」をされる可能性が極めて高いでしょう。

3階　一八〇・〇〇㎡

3、預貯金

金融機関　X銀行　名古屋支店

種類　普通預金

口座番号　1234567

（省略）

第二条　②遺言者の死亡以前に甲野弘が死亡したときは、甲野弘に遺贈するとした財産は、甲野弘の長男である、甲野昭夫（住所　愛知県春日井市〇〇二丁目二番地　生年月日　昭和五五年二月一日）に遺贈する。

第三条　本遺言の執行者として、前記甲野弘を指定し、次の権限を授与する。

（省略）

ポイント

- 長年、家庭内別居状態であっても妻の遺留分は原則、喪失されない
- 「遺留分減殺請求」は相続開始から10年間は請求できる
- この内容だとお世話になった相手に逆に迷惑をかける可能性大

妻や長女は原則どおり「遺留分」の権利を持つ

西野定夫さんには妻と長女がいます。しかし、妻とは世間体を考えて離婚はせず、同居をしているものの、長年会話もせず、顔すら合わせない生活をしています。嫁いだ長女は年末年始さえ家に寄り付きません。

定夫さんは身を粉にして蓄えた財産を、家族には一銭も渡したくありません。弟のように感じる友人とその家族にあげたいと考え、家族に内緒で作成したのが先の遺言書でした。

遺言書があれば原則、指定した相手に指定した財産を渡すことができます。**財産を渡す対象は人や法人であれば制限はなく、友人・知人等の他人や法人等の団体への遺贈も可能です。**

■遺留分に注意しよう

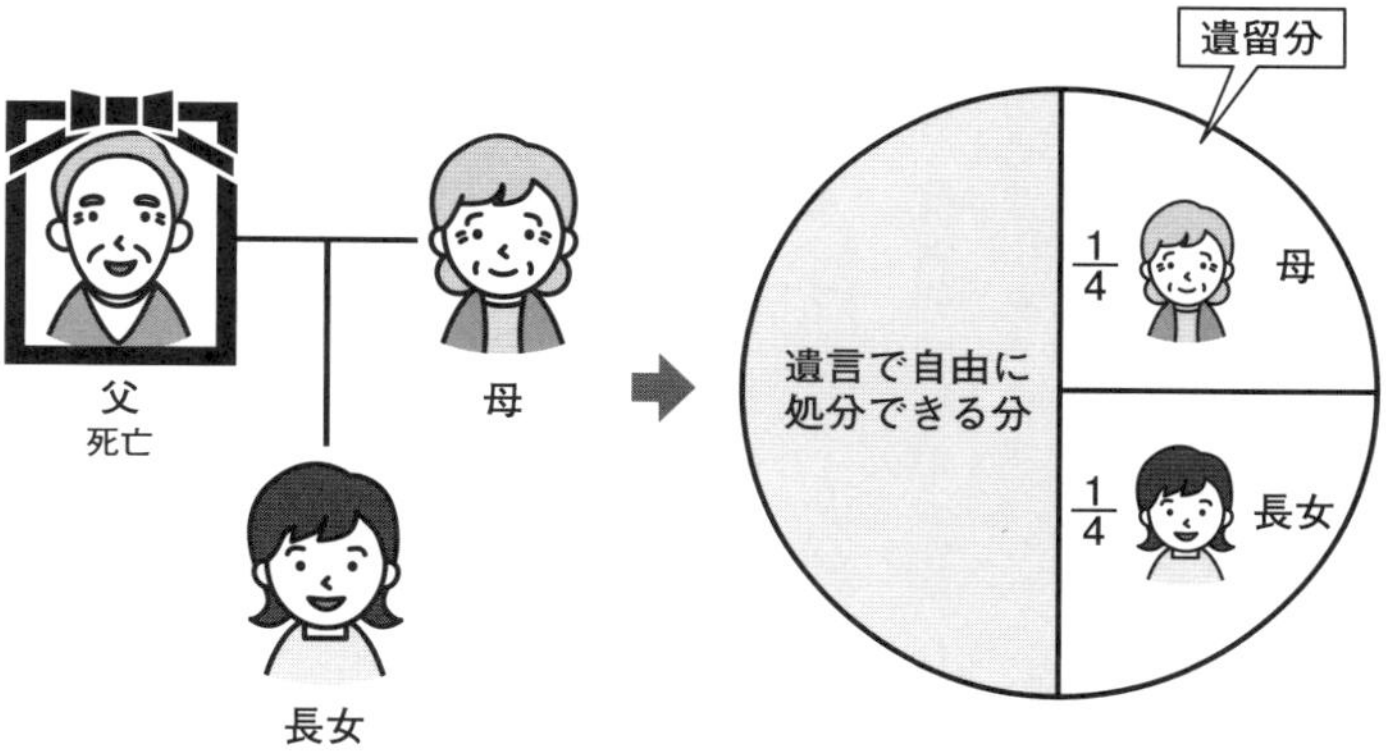

　しかし、これには例外が存在します。それは**遺留分**という制度で、一定の相続人に保障された、財産の「取り戻し権」のようなイメージです。

　遺留分を侵害した遺言書は、作成自体は可能でも、相続が起きた後でトラブルになる可能性が高くなります。

　では、本例のような遺言書がのこされた場合、相続発生後の流れはどうなるのでしょうか。

　まず、甲野弘さんが本遺言書をもとに、不動産を自分の名義に変えたり、預貯金の払い戻しをしたり等の手続きを行ないます。

　ここで終われば遺言者の希望どおりですが、この遺言書は妻と長女の遺留分を侵害しています。妻や長女から受遺者である甲野弘さんに対し、「この遺言書は私の遺留分を侵害しているので、侵害している分の財産を返してください」と**遺留分減殺請求**をされる可能性があります。

遺留分は一定の相続人に保障された権利ですから、受遺者としては遺留分の請求をされたら、原則としてその請求に応じなければなりません。

では、遺留分は、いくらなのでしょうか。

遺留分の割合は原則、法定相続分の2分の1（**遺言者の両親等、直系尊属のみが法定相続人である場合のみ、3分の1**）**です**。なお、兄弟姉妹や甥姪が法定相続人になる場合もありますが、兄弟姉妹や甥姪には遺留分はありません。

本事例では、妻、長女それぞれが全財産の4分の1（2分の1×2分の1）の遺留分を持っています。仮に定夫さんの全財産が2億円だとすれば、その4分の1は5000万円。遺留分減殺請求がされた場合、弘さんはこの金額を、妻と長女それぞれに返還する必要があります。

遺留分は、たとえば長年家庭内別居状態である等の事情のみでは原則として喪失しません。妻や長女は原則どおり、遺留分の権利を持つわけです（遺言者に対して虐待や重大な侮辱をした等の特段の事情があれば、家庭裁判所に請求をすることで、その人物を相続人から廃除することができます。廃除が認められれば遺留分の権利ものこりません)。

ここで、再度考えてみてください。仮に、定夫さんの全財産2億円がすべて預貯金であれば、妻・長女それぞれから5000万円(計1億円)分の遺留分減殺請求をされたとしても、不本意かもしれませんが、甲野弘さんは受け取った預貯金から支払うこと自体は可能です。

一方で、仮に定夫さんの財産構成が、1億6000万円相当の不動産と、400万円の預貯金であった場合、計1億円の遺留分を請求されたところで、甲野弘さんは一体どこからこのお金を支払えばよいのでしょう。受け取った預貯金4000万円をすべて渡しても、まだ6000万円も足りません。

遺留分は、そもそも原則としては、「その目的の価額の割合に応じて減殺する」とされています。つまり、原則として、妻からされた遺留分減殺請求で返還すべきは、不動産のうち4分の1の価値に相当する部分と、預金のうち4分の1に相当する1000万円で、長女についても同様です。しかし、この方法を取ると、不動産が友人2分の1、妻4分の1、長女4分の1という共有になるわけです。

親しい人同士での共有ならまだしも、このような状況での共有は、後のトラブルの原因になりますから、避けたいところでしょう。

たとえば共有となった建物を大規模改装したり建て替えたりしようとした場合など、様々な場面で共有者全員の同意が必要になるわけですが、関係のよくない間柄での共有の場合、このような話し合いをまとめることが困難になるわけです。

後のトラブルが予見される不動産の共有を避けるためには、どうすればよいのでしょうか。

この場合、甲野弘さんが不動産の4分の1ずつに相当する額をそれぞれ妻と長女に金銭で支払うことで共有にすることを免れることができます。しかし、それだけの大金をすぐ用意できる人はそう多くありません。結果的に不動産を共有せざるを得ない可能性が高いでしょう。

この場合、2つの対策が考えられる

もとの話に立ち返って考えれば、遺言者である定夫さんは、長年お世話になった友人に感謝を表すために財産を渡そうとしていました。にもかかわらず、この遺言書では友人に負担や不安を与えています。果たして友人は、財産をくれた定夫さんに素直に感謝できるでしょうか。

遺留分を侵害した遺言書が必ずしも駄目ということではありません。しかし、遺留分という制度をふまえて対策を検討する必要があったのです。

具体的には2つの考え方があります。1つは、弘さんに全財産を遺贈するという内容ではなく、**妻や長女にも遺留分に相当する分の財産を渡すという内容の遺言書を書いておく方法**です。

財産を渡したくない相手に財産を相続させる内容の遺言書を作成するのは不服かもしれません。しかし、後から遺留分減殺請求をされるのであれば、あらかじめ遺留分に配慮した遺言書を作成することで、本当に財産を渡したい相手にトラブルなく財産を渡すことができるのです。

もう1つは、遺留分制度があることは理解したうえで、**あえて遺留分を侵害した遺言書を作成する方法**が考えられます。

遺留分は、自動的に発動するものではなく、請求されたら返還すべきもの。そのため、仮に請求されなければ、支払う必要はないのです。

本例では、関係はよくないとはいえ、妻とは同居しているわけですから、やはり遺留分減殺請求をされる可能性が高いでしょう。

一方、遺留分権利を持つ相続人と長年音信不通状態にあり、遺言者が亡くなったこと自体を知る可能性さえ低いような場合には、遺留分請求をされるリスクは高くないかもしれません。この場合には、遺留分を侵害した遺言書を作成することも検討の余地があります。

ただし、**遺留分減殺請求をできる期限が意外と長い点、音信不通の相続人へ通知される場合がある点にも注意してください。**

遺留分減殺請求の期限は、「相続の開始及び減殺すべき贈与又は遺贈があったことを知った時」からは1年ですが、相続が起きたこと等を知らないまま時が過ぎた場合には、相続開始から10年間は請求できます。

たとえば、遺言者が亡くなったことを知らないまま月日が流れても、仮に相続開始後8年が経った日に相続が起きたこと等を知ったのであれば、それから1年間は遺留分減殺請求ができてしまう、ということです。

さらに、遺言書が自筆証書であった場合、検認の通知は、遺言書のなかに名前が出てくるかどうかにかかわらず、相続人全員に送られます。

また、遺言執行者が選任された場合、執行者はその義務として、財産目録などを作成し、相続人全員に交付しなければなりません。

単に音信が途絶えているだけで、住民票の住所地には住んでいるのであれば、通常、この過程で死亡の事実や遺言書の存在を知ることになります。

そのため、遺留分を侵害する内容の遺言書を作成する場合でも、「絶対に請求されないだろう」等と安易に考えることはお勧めできません。

遺留分を侵害する遺言書を作成する場合は必ず、万が一減殺請求された場合に備え、遺留分の返還に備えた金融資産も準備しておいてください。返還に備えたお金の準備には、生命保険を活用することも1つの方法です。

遺留分を侵害した内容の遺言書は、後のトラブルのもとになります。遺留分という制度があることを知ったうえで、慎重に対応を検討するようにしましょう。

12 手続きをする「遺言執行者」の指定がない遺言書

遺言書

遺言者、丙野春夫は、次のとおり遺言する。

1、①私のA銀行岐阜支店口座番号0123456の普通預金のうち、金八〇〇万円は、乙野夏子（岐阜県〇〇市□□二丁目二番地　コーポ岐阜一〇一号室）に遺贈する。

2、②前条に記載の普通預金のうち、金四〇

①〜④、すべて、この内容を実現する責任者がよくわかりません。特に①と④は相続人ではない者への遺贈なので、注意が必要です。

〇万円は、私の長女 甲野秋子に相続させる。

3、第一条に記載の普通預金のうち、上記に記載のない部分は、私の二女、丙川冬美に相続させる。③

4、前条までに記載のない財産はすべて、前記 乙野夏子 に遺贈する。④

〇〇年〇月〇日

岐阜県〇〇市□□二丁目二番地

コーポ岐阜一〇一号室

丙野春夫 ㊞

ポイント

- 内縁の妻など、相続人ではない人への遺贈には特に配慮が必要。公正証書で作成し、信頼できる遺言執行者も選任しておく
- 遺言執行者の指定とともに「権限の記載」も入れておくと安心

争いが予見できる場合は相続発生時の手続きを想定して作成を

丙野春夫さんは妻に早くに先立たれた後、ある女性と20年以上、夫婦同然の生活をしています。今さら籍を入れる必要もないと考え、内縁関係です。

春夫さんには2人の娘がいますが、彼女たちが成人し家を出た後で春夫さんと同居を始めた内縁の妻と娘たちとは親子という感覚もなく、面識もほぼありません。

内縁の妻は数年前から足の調子が悪く、ほぼ自宅から出られない状態なので、春夫さんは、自分の亡き後、彼女が生活に困ることのないよう、インターネットで調べて前ページのような自筆証書遺言を作成しました。

遺言書を作成する際は「実際に手続きをする場面」の想定が不可欠ですが、この遺言書には、その点から見て重大な漏れがあります。それは、**「一体誰が、どのように**

してこの遺言書の内容を実現するのか」という点です。

まず、**この遺言書が自筆証書遺言である以上、家庭裁判所での「検認」手続きを行なう必要があります。**

検認とは、遺言書の内容を保全するために行なう「遺言書の開封式」のようなもの。自筆証書遺言であれば、この検認を経なければ、その後の手続きには使えません。

検認の申立てを行なうのは、遺言書の保管者もしくは遺言書を発見した相続人です。この遺言書を持っているのは内縁の妻ですから、彼女が自ら、もしくは専門家に依頼するなどして検認の手続きを行なわなければなりません。

自ら手続きを行なうことはもちろん、専門家を探すのも慣れていないと一苦労です。しかも彼女は家から出ることも難しい状態。**仮にこの遺言書が公正証書遺言であれば、そもそも検認の手続きは必要ありませんでした。**ここが１つ、残念なポイントです。

何とか無事に検認手続きが終わったとして、次に金融機関で手続きを行ないます。いくら遺言書があったとしても、春夫さんが口座を持っていた金融機関が自動的にお金を振り分けてくれるわけではありません。誰かが実際に手続きに出向く必要がありま す。

仮に内縁の妻が金融機関に出向き、手続きを行なおうとしても、ここでもう１つのハードルがあります。窓口でこのように言われてしまうでしょう。「この遺言でお金を払い戻すためには他の相続人全員の同意か、遺言執行者の選任が必要です」と。

他の相続人とは2人の娘たちです。父親の預金を一部でも渡すことを快くは思っていないでしょうから、手続きに協力してくれるとは思えません。

「権限の記載」も入れておくと安心

少し難しい話になりますが、相続人ではない者が財産をもらう「遺贈」には、財産を「もらう側」の手続きのみでは足りません。**遺贈を実現するには、もらう人のほか、財産を「渡す人」の協力が必要です。**

持ち主である春夫さんはこの世にいませんので、当然、手続きへの協力はできません。では、誰がこの「渡す人」になるのかと言えば、これは原則として相続人全員。この例では2人の娘たちです。

一方、相続人に対して「相続させる」と書いた部分については原則、もらう人だけで手続きができます。つまり、金融機関によって多少対応は異なりますが、本例では、娘たちはこの遺言書を持って金融機関に出向けば自分の取り分は引き出せる、ということになります。

では、2人の娘に協力してもらえる見込みのない内縁の妻はどうすればよいのでしょうか。

実は、**遺言書を実現する責任者である「遺言執行者」を選任することで、2人の娘ではなく、この遺言執行者に手続きをしてもらうことが可能です**。この場合、内縁の妻は家庭裁判所に申立てをして、遺言執行者を決めてもらう手続きを行ないます。

ただ、この手続きも検認同様、慣れていないうえに外出が困難では、完了までに多大な労力を要するでしょう。こうしていくつかの段階を経たのち、選任された遺言執行者によって、ようやく春夫さんの残してくれたお金を内縁の妻は手にすることができるのです。

このような一連の手続きは、健康で、かつ時間があったとしても、慣れていないと大変です。何から手をつけてよいのかわからず途方に暮れ、場合によっては手続きを途中であきらめてしまうかもしれません。

では、遺言者である春夫さんはどうすればよかったのでしょうか。

まずは、前述したように、遺言書を自筆証書ではなく、公正証書で作成しておくべきでした。公正証書遺言であれば、検認の手続きが不要であるためです。

また、手続き面以外にも、そもそも争いが予見される相続関係である以上、紛失や隠匿・偽造のリスクがなく、無効になるリスクも低いという点でも、公正証書で作成しておいたほうが安心です。

次に、遺言書のなかで遺言執行者を選任しておくべきでした。**遺言執行者は相続発生後に選任することも可能ですが、やはり手続きのスピードや煩雑さ等を考えると、あらかじめ遺言書内で選任しておいたほうが安心です。**

最初から遺言執行者が選任されていれば内縁の妻が手続きに奔走することなく、遺言執行者に手続きをしてもらえました。

遺言執行者には、遺言書の作成サポートを行なった専門家が就任する場合もありますし、相続人等財産をもらう人が就任する場合もあります。未成年者や破産者以外であれば制限はありませんので、あらかじめ信頼できる人に依頼し、遺言書に記載しておいてください。

なお、遺言執行者は、民法の定めにより、「相続財産の管理その他遺言の執行に必要な一切の行為をする権利義務を有する。」とされています。そのため、特段詳細な記載がなくとも執行に必要なすべての行為が可能なはずです。

しかし、金融機関の内部ルールにより、具体的な職務が明記されていない場合には遺言執行者のみでは手続きができず、相続人の同意が必要という対応をする場合があります。

こうした場合に備えて、**遺言執行者の指定とあわせて「権限の記載」も入れておくと安心です。**

具体的には、次のようになります。

> 第○条　遺言者は、本遺言の執行者として、行政次郎（昭和五〇年一月一日生、住所 愛知県一宮市○○一丁目一番一号　職業 行政書士）を指定する。
>
> 第○条　前条記載の遺言執行者は、遺言者名義の不動産の名義変更、遺言者名義の預貯金の名義変更、払い戻し、解約、遺言者名義の証券口座の名義変更、解約、有価証券の換金、貸金庫の開閉、解約、内容物の受領その他本遺言を執行するための一切の権限を有する。なお、遺言執行者は各手続き又は行為をするにあたり、相続人の同意は必要としない。

> 第○条　前記遺言執行者への報酬は、遺言執行時の遺言者の有する財産の評価額合計の○%とする。

権限の記載は、遺言者の有する財産に応じて、必要な内容を記載します。また、専門家に執行者を依頼する場合には報酬が生じます。事務所により金額が異なりますので、その金額や計算方法についても確認しておきましょう。

遺言執行者についても予備的な記載を入れておく

さらに84ページで予備遺言について解説しましたが、遺言執行者についても予備的な記載を入れておくと安心です。たとえば次のような内容です。

> 前項記載の遺言執行者が、この遺言の執行完了前に死亡し、又はその職務の執行が不能となったときは、遺言者は、本遺言の執行者として 甲野太郎 を指定する。

なお、遺言執行者の人数には制限がないため、例のように優先順位をつけた記載でもよいですし、同時に2~3人等の執行者を選任することも可能です。

ただ、その場合に特段の記載がなければ1つの行為をするために毎回執行者過半数の同意が必要になり、かえって手続きが煩雑になる恐れがあります。そうならないために、**複数の遺言執行者を選任する場合は、順位をつけるか、「各遺言執行者は単独でその職務を行なうことができる」等の記載を入れておきましょう。**

Column

YouTubeを使った
ユニークだけど残念な遺言書

遺言書の作成には、法律で様々な要件が定められています。そのなかでも、自筆証書遺言には要件の一つに「全文自筆」とあり、映像で残された遺言書は、この要件を満たさないため、無効です。その他、ワープロ打ちのものや音声で記録したもの、代筆されたものも、残念ながら自筆証書遺言とは認められません。

最近ではスマートフォンを持っている人も増え、誰でも手軽に動画が記録できる時代になりました。しかし、遺言書を自分でつくる場合には、きちんと手書きで全文を書く必要があるのです。

なお、映像は、遺言書としての効力はないものの、想いを伝える目的であれば、とてもよい方法です。どの財産を誰に渡す、といった法律的な内容は、遺言書の要件を満たす文書できちんと作成する必要がありますが、遺言書とあわせて想いをビデオメッセージでのこしておくと、のこされた家族は喜ばれるでしょう。

3章

残念な実例③
税務リスクのある遺言書

問題のない相続対策をするために特に注意したいのが、「相続税を支払えるかどうか」「相続手続きがスムーズにできるかどうか」に着目した遺言書を作成できているかどうかです。この章では、相続税がかかりそうな人が検討すべき事項について押さえながら、税務リスクがあるという点で残念な遺言書の問題点を指摘していきます。

要件などは満たしていても税務リスクののこる遺言書あれこれ

そもそも、相続税がかかる人って誰？

「相続税＝怖い税金」という印象を持っている人も少なくないと思いますが、実際のところすべての人にかかる税金ではありません。

相続税がかかる人は、亡くなった人のおおむね8％前後というデータがあります（全国平均のため、土地の評価が比較的高い都市部はこの割合より多くなります）。100人に相続が起きたとして、相続税がかかる人はそのうち10人もいないわけです。

では、相続税は、どのような人にかかるのでしょうか。

相続税は、亡くなった人の持っていた全財産の合計（厳密には相続開始前過去3年以内の一定の贈与財産の価額や、相続時精算課税制度を使って贈与をした財産の価額、一定の生命保険のうち非課税額以外の部分が加算されるほか、葬儀費用や債務等を控除して計算）から、一定の基礎控除額を控除した金額をもとに計算をしてきます。

つまり、全財産の合計額が基礎控除額より少なければ相続税はかからず、一方で全財産の合計額が基礎控除額を超える場合には相続税がかかるということです。

基礎控除額は法定相続人の人数により異なり、「３０００万円＋６００万円×法定相続人の数」で計算します。

「妻と、子は長男と二男の２人」という場合、法定相続人は３人ですから、「３０００万円＋６００万円×３人」で基礎控除額は４８００万円になります（１９９ページに法定相続人数ごとの基礎控除額の表を添付したので参照してください）。

この基礎控除額と比べて、自身の財産が多いか少ないかが、終活にあたって相続税を考慮すべきかどうかの１つの基準となります。

なお、相続税には、配偶者がもらった財産は法定相続分または1億6000万円のいずれか高いほうまでは課税されないという**「配偶者の税額軽減」**という制度や、一定の土地の評価額を最大8割減してもらえる**「小規模宅地等の特例」**など、いくつかの特例があります。

特例の多くは相続税の申告書を出さなければ使えません。そのため、「全財産の合計」と「基礎控除額」を比較する際には一旦、このような特例は無視して計算をしてください。

まず、ここで知っておくべきことは、細かい計算よりも、「自分が亡くなったとき、相続税がかかるかどうか」という点です。自分の財産を洗い出し、財産一覧表を作成のうえ、基礎控除額と比較してみてください（財産の洗い出し方法や財産一覧表の作成方法については、すばる舎から発行されている拙著『お金の終活』に詳しく記載しています）。

相続税がかかりそうな場合に検討したいこと

自身の財産総額と基礎控除額を比較した際、財産総額のほうが多いのであれば、相続税がかかる可能性があります。

この場合に把握・検討しておきたいのは次の2点です。

1、相続税はいくらくらいかかるのか
2、相続で財産を受け取る人がそれぞれ相続税を支払うだけのお金はあるのか

相続税は累進課税で計算されます。つまり、相続税がかかるすべての人に50％等の高い税率で税金がかかるわけではなく、亡くなった人が財産を多く持っていれば持っているほど税率が高くなる仕組みです。

そのため、相続税がかかるとひと口に言っても、「このくらいなら支払える」という場合と、「こんな大金、とてもじゃないけど支払えない」というケースがあります。

この判断をするために、財産総額が基礎控除額を超える場合には、**まずは税理士等に相談し、税金がいくらかかるのかシミュレーションをしてもらいましょう。**

遺言書作成のサポートをしている専門家は通常、相続税の基本的な知識は持ったうえで、税理士等の専門家とも連携しているはずですので相談してみてください（自分でざっと計算してみたいという人のために相続税の計算方法を121ページで解説しています）。

おおよその相続税の額が計算できたら、次に節税対策を検討します。多少相続税額が出るくらいであれば、毎年コツコツ贈与をすることで相続税を減らすことができます。
また、それでは追いつかないほどの相続税額の場合には、もう少しダイナミックな方法を検討する必要がありますので、相続税に詳しい税理士等の専門家に相談してください。

大体の税額がわかったら、次に検討したいのが、「財産を受け取る各自が、その相続税を支払うだけのお金を用意

❓「相続税に詳しい税理士」とは

相続税の相談相手として、文中では「相続税に詳しい税理士等」と限定しましたが、それには理由があります。「税理士であれば当然、相続税にも詳しいだろう」と思われるかもしれませんが、実はそうではないためです。

まず、税理士試験を受験するうえで相続税は必須科目ではなく、選択科目に位置づけられています。つまり、「相続税の勉強を一切しなくても税理士試験に合格できる」ということです。

また、業務として相続税の申告を積極的に受けておらず、元々の顧問先で「たまたま」相続が起きたときだけ相続税の申告をする事務所も少なくありません。

さらに、相続税は特例などの改正が非常に多い分野。改正に関連する情報収集をするだけでも一苦労でしょう。

そのため、「相続税についての業務を積極的に行ない、多くの件数をこなしている税理士」と「年に数回、たまたま来た案件を行なうだけの税理士」では、当然、蓄積されているノウハウの差が大きいわけです。

こうした背景を踏まえて、相続の相談をするのであれば、「税理士なら誰でもよい」ということではなく、「相続税に詳しい税理士」に相談されることをお勧めしています。

できるのか」です。相続税は現金一括払いが原則です。142ページの事例で解説しますが、いくら相続税の金額自体が安くなったとしても、支払うお金がなければ困ってしまいます。そのため、**「相続税を安くする対策」と「納税のための資金対策」は必ずセットだと考えておいてください。**

余談ですが、節税の相談をする相手が不動産屋さんであれば、賃貸物件等の建築による節税を勧められる可能性が高いでしょうし、保険屋さんであれば、生命保険への加入を勧められる可能性が高いでしょう。

これらは確かに節税の効果はありますが、同時にリスクもあります。そのリスクについて説明せず、自社の利益のみを追求してしまうような業者もゼロではありませんので要注意です。

1つの利点を追求した結果、他のひずみが生じてしまっては本末転倒です。節税対策は慎重に、相談相手にとっての利益も知ったうえで、後悔のない対策をするようにしてください。

相続税の計算

1、課税財産の合計額（財産総額）を計算します。
※小規模宅地の特例はここで考慮します。

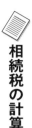

■相続税の速算表【平成27年1月1日以後の場合】

決定相続分に応ずる取得金額	税率	控除額
1,000万円以下	10%	−
3,000万円以下	15%	50万円
5,000万円以下	20%	200万円
1億円以下	30%	700万円
2億円以下	40%	1,700万円
3億円以下	45%	2,700万円
6億円以下	50%	4,200万円
6億円超	55%	7,200万円

※この速算表で計算した法定相続人ごとの税額を合計したものが相続税の総額になります（平成26年12月31日以前に相続が開始した場合の相続税の税率は上記と異なります。相法16、平25改正法附則10）。

※相続人等一定の人が受取人の生命保険金と死亡退職金を足し、生命保険金、死亡退職金それぞれから、「法定相続人の数×500万円」の非課税額を控除します（生命保険金・死亡退職金の額以上には引けません）。

※過去3年以内に相続人等一定の人にした贈与財産の価額を足します。

※相続時精算課税制度を使った贈与は、何年前のものでも足します。

※借金等の債務があれば、控除します。

※課税単位は、「家族」や「夫婦」ではなく、個人単位で計算します。

2、199ページを参照して基礎控除額を計算します。

3、1から2を引いた残り（＝課税遺産総額）を計算します。

■速算表を使って相続税額を計算すると

〈例〉法定相続人Aさんの法定相続分に応ずる遺産取得金額が4,500万円だった場合

4,500万円×20%（税率）－200万円（控除額）＝700万円

4、3で計算した課税遺産総額を、各法定相続人が民法に定める法定相続分に従って取得したものとして、各法定相続人の取得金額を計算します。

5、4で計算した取得金額を122ページ表内の税率に当てはめて、各法定相続人の相続税額を計算します。

6、法定相続人ごとに計算した5の相続税額の合計が、相続税の総額です。

※最終的には6で計算した相続税の総額を、実際に相続で財産をもらった人が、実際にもらった財産の額で按分をして、誰がいくらの相続税を支払うかが決まります。配偶者の税額軽減の計算はこの按分後の段階で行ないます。

13 「不動産はすべて長男、預貯金はすべて二男に」長男が気の毒な遺言書

遺言公正証書

第一条　遺言者は、遺言者の有する次の財産を、遺言者の長男 丙野忠雄（昭和三五年二月一日生）に相続させる。

（1）土地
所在　岐阜市○○　一丁目
地番　一番
宅地　四五〇・五〇㎡

（2）建物
所在　岐阜市○○一丁目一番地
家屋番号　一番
種類　居宅

不動産ばかりをもらう長男は、現金一括払いが原則の相続税をどうやって支払うのか不安になる内容です。

（省略）

第二条　遺言者は、遺言者の有する次の財産を含む金融資産すべてを、遺言者の二男　丙野敏雄（昭和三七年一〇月一日生）に相続させる。

（1）預貯金

A銀行岐阜支店口座番号1234567の普通預金

（2）預貯金

B銀行岐阜中央支店口座番号1111111の普通預金

（省略）

第三条　本遺言の執行者として、丙野忠雄を指定する。

ポイント

- 兄弟姉妹間の取り分がたとえ平等であったとしても、「土地建物だけ」と「金融資産だけ」では相続税納税時の対応に大きな差ができてしまう
- 土地建物を譲る子には相続税が支払える程度のお金も用意しておくのがベター

せっかく引き継いだ土地建物を納税のために売るはめにもなりかねない！

義雄さんには長男、二男の２人の子がいます。先立った妻が資産家だったことから、妻が実家から相続した不動産を含めて、すべての財産を義雄さんが相続していました。義雄さんの財産と、遺言書で示した渡す相手は、具体的には次のとおりです。

- 自宅の土地建物　評価額　計５０００万円……長男
- 自宅近くの貸店舗の土地建物　評価額　計１億円……長男
- 預貯金などの金融資産　計１億５０００万円……二男

息子たちの兄弟仲は悪くはありませんが、長男の妻と二男一家は折り合いがよくなく、また、義雄さん自身が二男の立場に生まれ育ち、不利な思いを感じてきたことか

ら、長男と二男を平等に扱いたいと考えて前ページのような遺言書を作成しました。

この遺言書は、長男と二男の取り分はほぼ平等で、遺留分も侵害していません。遺言執行者も指定してあり、形式のみを見た場合は問題ないと言えるでしょう。

しかしながら、**相続税について検討がなされていない点が問題です**。この遺言のとおり手続きをすると、長男が困った事態になる可能性があります。

相続税は、遺産総額が一定の基礎控除額（199ページ参照）を超えた場合に、相続や遺贈で財産を引き継いだ人に対してかかります。この例での基礎控除額は「3000万円＋600万円×2人」で4200万円。仮に相続開始時点での財産の評価額が遺言書作成時と変わっていない場合、義雄さんの遺産総額は3億円ですから、基礎控除額の4200万円を超え、相続税がかかります。

相続税は金融資産だけでなく、土地や建物といった不動産も対象。しかも、納税は現金一括払いが原則です。

金融資産ばかりをもらった二男は、その金融資産から支払えばよいかもしれませんが、不動産ばかりをもらった長男は、一体どこから相続税を支払えばよいのでしょうか。

後述しますが、相続税には納税における特例がいくつかあります。ここでは仮に特例の適用がないものとして相続税を計算すると、息子たちはそれぞれ3500万円近い税金を支払う必要があります。

もちろん、あらかじめ相続税の額を想定したうえで、「長男なら3500万円くらいは支払える」と判断した結果であれば問題ありません。

しかし、これほどの大金をポンと支払える人は多くないでしょう。場合によっては、せっかく引き継いだ土地建物を売らなければならない事態に陥る可能性もあるのです。義雄さんはそこまで考慮してこの遺言書を作成したのでしょうか。

自身の財産が基礎控除額を超える場合には、多かれ少なかれ相続税がかかる可能性があります。遺言書を作成する時点で相続税に詳しい税理士に相談するなどして、相続税の概要を把握しておくべきでした。

相続税の特例の適用可否は必ず確認する

もし納税のことまで考えて遺言書の内容を検討していたならば、

- 預貯金をすべて二男に渡してしまうのではなく、相続税が支払える程度の預貯金を長男に相続させる

・長男が相続税を支払える分のお金を生命保険で用意する

といった対応がいくらでもできたことでしょう。しかし、こうした対応は、実際に相続が起きてしまってからでは、実行が困難です。

また、**遺言書の内容を検討するにあたり、相続税の特例の適用可否を確認することも欠かせません。**相続税の特例には、「誰がもらうか」によって制度が使えるかどうかが異なるものがあるためです。

特に**「小規模宅地等の特例」**は土地の評価が最大80％減される、影響の大きな特例です。相続税がかかりそうな場合は、必ず適用の可否を検討しましょう。

遺言書作成にあたり、税務面の検討は切っても切り離せません。

通常、遺言書作成サポートを行なっている事務所は相続税に詳しい税理士等との連携があるはずです。相続税のかかりそうな人は、遺言書作成サポートを依頼する前に、税理士等との連携がある事務所かどうかも確認しておくとよいでしょう。

14 自社株の評価をしていないオーナー企業経営者の遺言書

遺言公正証書

第一条　遺言者は、遺言者の有する次の財産を、遺言者の長男　乙川幸男（昭和三〇年一月一日生）に相続させる。

（1）土地

所在　名古屋市昭和区〇〇一丁目

地番　一番

宅地　三〇〇・〇〇㎡

（2）建物

所在　名古屋市昭和区○○一丁目1番地
家屋番号　1番
種類　居宅

(3) 乙川工業有限会社の株式すべて

(4) X銀行八事支店　口座番号0000001　の普通預金

・

(省略)

・

「資産的な価値はないだろう」という漠然とした認識のもと、自社株を軽視している可能性がある表記です。いざ相続が起きると、多額の相続税で後継者を困らせる恐れがあります。

ポイント

- 会社の株価は儲かっているかどうかだけで決まるわけではない
- 非上場企業が自社株の評価額を知ると高額な評価に驚くケースが少なくない
- オーナーが会社に貸し付けをしている場合、それも相続税の計算対象になる

オーナー株主が持つ株は儲かっているかどうかだけでは評価できない

乙川信夫さんは、創業約50年の乙川工業有限会社の初代代表取締役で、100％の株主。大きく儲けているわけではなく、毎年少し黒字になる程度ですが、大変な時期も乗り越えてここまで継続してきた大切な会社です。

信夫さんには、長男と長女がいます。長男は何十年も乙川工業で働いている後継者候補です。長女もそのことは理解しており、「自分は相続で財産はいらないから」とまで言ってくれています。

信夫さんの財産は、自社株の他には自宅のみ。預金はほとんど会社につぎ込んでいて、ほとんどありません。このような状況なので、相続争いは考えにくいと思いつつ、

念には念をと自ら公証役場へ行き、遺言書を作成しました。

信夫さんがまさにそうだったのですが、非上場企業のオーナーには、「自分の会社の株を持っているけど、大して儲かっていないし、資産的な価値なんてないでしょ」と漠然と思っている人がいます。このタイプは要注意。なぜなら、**会社の株の価額は儲かっているかどうかだけで決まるわけではない**からです。

相続税の計算上、オーナー株主が持っている株の評価には、**「純資産価額方式」**と**「類似業種比準価額方式」**の2つの方法があり、会社の規模等によって、これらを組み合わせて計算します。

このうち、「類似業種比準価額方式」は、大まかに言えば、自分の会社が類似した業種で上場している会社と配当金額や利益金額、純資産価額がどれくらい多いか（少ないか）を比較して株価を計算する方法。そのため、長年あまり儲かっていない会社は、それほど高い評価にはならないケースがほとんどです。

一方、「純資産価額方式」は読んで字のごとく、会社の「純資産額」から株価を計算する方法。このとき、単に現状の財務諸表の「純資産」（貸借対照表の右下の欄）を見るのではなく、含み益まで計算されてしまう点がポイントです。

たとえば、遠い昔に1000万円で買った工場の敷地が現在5000万円に値上がりしていたとしても、財務諸表上には通常、1000万円のままで載っています。しかし、株価の計算をするときは5000万円の土地を持っているとし、実際の資産総額をもとに評価されます。

少し難しいことを書きましたが、ここで言いたいのは、「儲かっていないから会社の株式にほとんど価値がないとは言い切れない」ということ。漠然と、「大した価値はない」などと思っていると、いざ相続が起きた後で多額の相続税がかかってしまい、後継者を困らせる危険性があるのです。

そのため、**「上場していない会社の株を持っていて、自分の会社の株の評価額を知らない」という人は、一度税理士に株価の評価を依頼してください。**

計算の結果、思いもよらない高額な評価に驚くかもしれません。このケースは非常に多いです。相続税が支払えないほど高額な評価がついていた場合は、株価を下げる対策もあわせて検討していく必要があります。一方、「案の定、それほど高額ではなかった」という場合は、どうぞ安心して遺言書の作成に進みましょう。

意外と高額な評価になることもあるので要注意

この事例は、預金はほとんど会社につぎ込んでいて、手元にないケースでしたが、これも要注意です。

会社オーナーには、会社の資金繰りを理由に自分の預貯金を会社に貸し付けているケースがあります。本人のなかでは、自分の会社なので、貸し借りという感覚がないことも多いでしょう。しかし、相続税の視点から言えば、**会社に貸しているお金も「貸付金」として相続財産になります**。

また、遺言書を作成するなかで、会社の後継者である長男に対して、「会社への貸付金も相続させる」と指定しておくとよいでしょう。

自分で会社を経営している場合、安易に１人で遺言書を作成するのではなく、事業の承継や株の評価額、会社への貸付金の処理等、トータルの視点で見ることができる専門家とともに対策をするようにしてください。

非上場株の評価は非常に複雑で、税理士であっても、相続や事業承継を得意としている人でなければ正確な評価は困難です。仮に顧問税理士が財産評価や相続税が得意でない場合には、別の税理士への依頼も検討するとよいでしょう。

15 最終的に渡したい相手と異なる内容の遺言書

遺言公正証書

第一条　次の財産を含む私の全財産は、私の妻 甲野正子（昭和二〇年三月三日生）に相続させる。

（1）A銀行　南支店　普通預金
口座番号　0000001
（2）A銀行　南支店　定期預金
口座番号　0000002
（3）B銀行　北支店　普通預金
口座番号　1234567
・

この遺言書によって妻が1人で手続きできる点は煩雑さがなくてよいが、妻から子どもや孫に財産を分けようとすれば、贈与税がかかってしまいます。

・・・（省略）・・・

ポイント

- 「配偶者が預貯金を解約しやすいように」「海外にいる子どもと書類のやり取りをすることがなくなるように」などの理由で、配偶者に全財産を相続させるのは、後になって、本来、無用で済んだ贈与税がかかってしまうことになりかねない

本来払わずに済んだ税金。ひと言、添えればよかったのに！

甲野清さんは賃貸住宅で妻と2人暮らし。長男一家は近所におり、長女一家は海外で暮らしています。家族は皆よい関係です。

清さんの財産は計4000万円の預金のみです。自分に万が一のことがあれば、海外に住む長女とのやり取りに時間と労力がかかってしまうことを避けるため、また、妻がスムーズに自分の預金を解約できるようにと、手続き対策として遺言書を作成。そのうえで、妻に口頭で、「この遺言書を持って銀行に行けば手続きができるから心配はいらない。お金をどう分けるかはお前に任せるから、子どもや孫に適当に分けてあげて」と伝えました。

この遺言書は、形式上は問題ありません。清さんの言うように、実際に相続が起きた際には、妻が1人で金融機関において手続きが可能です。**相続人が海外にいる場合には、書類のやり取りにも時間がかかり、煩雑になることが多いため、遺言書を残したのは賢明な判断**と言えます。

しかし、**口頭で妻に「あとは子や孫に適当に分けてあげて」と伝えたのは問題です。**

清さんの全財産は、4000万円の預金のみです。一方、相続税がかかるかどうかの基準となる基礎控除額（199ページ参照）は3000万円＋600万円×3人（妻と2人の子）で4800万円です。そのため、清さんの相続では相続税はかかりません。しかし、これはあくまでも「清さんから直接相続や遺贈で受け取った場合に税金がかからない」という話です。

一旦、妻が4000万円の預金を相続し、その後、妻から子や孫にお金を分配したらどうなるかをシミュレーションしてみましょう。

まず、妻が4000万円の預金を相続しても相続税はかかりません。

一方、妻から子や孫に渡したお金には贈与税がかかる可能性があります。なぜなら、**妻が一旦、遺言書により受け取ったお金を子や孫に渡した行為は「清さんの相続の一**

環」ではなく、単に、「妻から子や孫への贈与」と見られてしまう可能性があるためです。

たとえば、妻から2人の子どもに1000万円渡した場合、子どもはそれぞれ231万円（その年中に他の贈与を受けていない場合）の贈与税がかかります。

孫も500万円を受け取ったとすると、孫にも各自53万円の贈与税がかかってくるのです（その年中に他の贈与を受けていない場合））。

これは、清さんが遺言書で、**それぞれの取り分を指定さえしておけば、かからなかったはずの税金。遺言書の書き方1つで、本来払わずに済んだはず**の「余分な税金」がかかってしまった、「非常にもったいないケース」です。

必ずしも遺言書に従わないといけないわけではない

なお、遺言書があったからといって、必ずしも遺言書に従わないといけないわけではありません。

実際に名義変更等の手続きを行なう前であれば、相続人全員が合意をすることにより、遺言書と異なる分割をすることは、原則として可能です（相続人以外の人に財産を遺贈する内容の遺言である場合には、その受遺者の同意も必要）。

本例であれば、銀行の解約等の手続きをする前に、妻と子どもたちが合意をすることにより、「長男、長女が各1000万円を相続し、残りを妻が相続する」等の遺産分割をすることができます。

この場合には一旦、妻が相続したお金を分配したという本例と異なり、相続の一環で分けたものとみなされるので、原則として贈与税はかかりません。ただし、後から疑義を生じさせないために、遺産分割協議書を必ず作成してください。

また、**孫は、そもそも相続人ではありませんから、遺言書への明記がなければ相続で財産を渡すことはできません。**

仮に、相続人全員が孫に財産を渡すことに同意をしたとしても、一旦相続人の誰かが受けとって、そこから孫に贈与をするしかないのです。

孫など相続人ではない人に無用な課税を生じさせることなく財産を渡したいのであれば、必ず遺言書へ記載をしておきましょう。

「遺言や相続で一旦受け取ったお金をその後動かすと、贈与税がかかるかもしれない」、これを知ったうえで最終的な配分まで考えた遺言書を作成してください。「後から適当に分けて」という遺言は課税リスクが高いことを覚えておきましょう。

アパート建築は本当におトクだったのか？節税をし過ぎて残念な結果になった対策

金融資産をアパートに変えることで相続税が安くなる理由

ここからは「残念な遺言書」から少し離れて、「残念な相続対策」を2ケース紹介します。

甲川三郎さんは代々引き継いだ土地を持っている資産家です。妻はすでに他界しているため、相続人は1人息子のみです。

三郎さんは約2億円分の不動産と1億円程度の金融資産を保有していますが、相続税について一度税理士に試算をしてもらったところ、約9000万円でした。

「こんな大金を相続税として払いたくないな」と思っていたところ、ある日、不動産会社を名乗る人物が訪ねてきました。普段ならすぐに追い返すところですが、「相続税の節税対策のご提案」というひと言が気になり、一度話を聞いてみることに。

その人が言うには、「現在駐車場になっている土地にアパートを建築することで、相続税の節税ができる」とのことでした。

詳しく聞いてみると、「資産価値1億円程度の土地の上に、自己資金8000万円と銀行からの借金8000万円をあわせてアパート建築をすることで資産価値が圧縮され、相続税が半分以下になる」「銀行からの借金は、アパートの入居者から支払われる家賃で返済していけばよい」ということです。

三郎さんはその不動産業者を信用し、提案された対策を実行しました。

「アパート建設は節税になる」という話を聞いたことのある人もいるのではないでしょうか。

「節税」の観点から見れば、確かに効果のある方法です。

銀行からの借入により、8000万円のプラスの財産（お金）が増えた一方で、8000万円万円のマイナスの財産（借金）が増えたわけですから、この段階ではプラスマイナスゼロです。

節税になるのはここからです。**相続税の計算上で用いる財産評価の方法**にカラクリがあります。通常、1億6000万円のお金を使って建てたアパート（建物）は、建てた瞬間から1億6000万円とは評価されません。建てた瞬間に評価額は建築費用のおおむね60～70％程度に下がることが多いでしょう（減額率は一概には言えないところですが）。

1億6000万円のお金を使わずに持っていれば、10年経っても20年経っても1億6000万円のままですが、建物は年数の経過とともに自動的に価値が減少します。さらに、人に貸している建物や、人に貸している建物が建っている土地は、自由に使うことができない分、評価額が減額されます。

このあたりの「あわせ技」により、金融資産をアパートという資産に変えることで相続税が安くなるわけです。

「相続税が半分になった」と目先のおトクに惑わされただけでは？

しかし、アパート建築による節税は、安易に実行すると家族を困らせてしまいます。

1つは、**「そもそも本当にアパート建築がおトクな方法だったのか」**という点です。アパート建築をする、ということは、その後入居者を集めて、建物を管理し、退去したら必要な修繕等を行ない、再び入居者を集めなければなりません。つまり「アパート経営をする」ということです。

慣れている人でもない限り、これは簡単なことではありません。

また、空き家問題が取り沙汰されている昨今、部屋が埋まる保障はどこにもありません。「駅に近い」など、立地次第では最初のうちはよいかもしれません。しかし、その後古くなっていくアパートに、人がずっと住んでくれるのでしょうか。空き部屋が増えたり家賃を減額したりすれば家賃収入が減り、銀行からの借金の返済が苦しくなります。入居者を呼び戻そうと大規模な修繕をすれば、また費用がかかるわけです。

さらに、家賃の徴収や滞納時の請求、入居者同士のトラブルがあった際の対応は、誰が行なうのでしょう。もちろん自分で行なってもよいのですが、その煩雑さから最終的には管理会社等に依頼することになることが多く、ここにも費用がかかります。銀行からお金を借りているので利息の支払いも同時に生じます。

このように考えると、単に「相続税が半分になった」と、目先だけ見て喜んでいてよいものか疑問が残ります。利息、管理費、修繕費、さらには借金を背負った気苦労……。負担も増えていることを無視してはならないのです。

もう1つ見落としてはならないのが、**「相続税を支払うためのお金があるのか」**という点です。

相続税は現金一括払いが原則です。分割払いができる「**延納**」や物で支払う「**物納**」という制度もありますが、無条件で認められるわけではなく、一定の要件があります。また、認められたとしても、利息がかかったり担保が必要だったりします。

三郎さんは1億円程度の金融資産を持っていたのに、アパート建築のために8000万円ものお金を使い、結果、金融資産は2000万円しか残っていません。**いくら相続税が安くなったとしても、その安くなった相続税を支払うためのお金がないようでは本末転倒なのです。**

アパート建築による節税が一概にダメと言っているわけではありません。節税という面では有用な方法である一方で、リスクも生じることを把握していなければ、思わぬ問題を次世代に受け継がせることになるのです。

このように、**大きく資産を組み替えた節税や借金を伴う節税を行なう場合には、提案をしてくれた人や会社だけではなく、必ずその会社と利害関係のない、他の専門家にも相談してください**。そのうえで、本当に実行してよいのか慎重に判断しましょう。

また、アパート建築をする場合、実際に管理・運営をしていくのは「財産をのこされる側の人」です。あなた自身が独断で決めるのではなく、家族にも相談したうえで検討することをお勧めします。

孫名義の通帳にコツコツ預金したのに……努力がすべてあだになる相続対策

贈与は一方的な意思で成立するものではない

丙田幸子さんは、夫と２人暮らし。２人の娘は遠方に嫁ぎましたが、年に数回、孫を連れて遊びに来てくれるなど、家族皆仲良しです。

幸子さん夫婦は贅沢をしない倹約家で、ずっとコツコツと貯蓄を続けてきました。また、相続税もできるだけ支払いたくないと考え、計４人いる孫の名義の口座を持ち、１人につき年１１０万円までは税金がかからないと聞いたので、年に１１０万円ずつ４つの口座に夫の口座から資金移動をしています。

その結果、それぞれの通帳には１６５０万円ずつ貯まりました。この通帳は夫の貸金庫にしまってあり、その存在は、孫たち本人はもちろん、２人の娘にも秘密にしており、夫に万が一のことがあった際に渡そうと考えています。

最近では金融機関における本人確認が厳しくなり、身内の口座を勝手につくることさえ困難ですが、以前は今ほど厳しくなかったのか、子や孫名義の預金通帳を内緒でつくり、そこにお金を貯めているという話はたびたび耳にします。

しかし、残念ながら、この方法では贈与は成立していないとみなされてしまう可能性が高いでしょう。

贈与は一方的な意思で成立するものではありません。「あげます」「もらいます」というお互いの意思が合致して初めて成立するものです。意思の合致どころか、孫が通帳の存在さえ知らないようでは、贈与が成立したとは到底言えません。

夫が亡くなった後の税務調査では、**贈与ではなく、単に夫が他者の名義で勝手にお金を貯めただけの「名義預金」とみなされてしまうでしょう。**

名義預金とみなされると、最初から贈与は成立していなかったことになるため、孫名義の預金は、夫の相続税の対象となる相続財産に含めて計算されることになります。

つまり、何ら節税にはなっておらず、コツコツ行なってきた資金移動は意味をなさないことになってしまうのです。

名義預金は申告漏れ財産の典型的パターン

贈与の成立要件に「意思」が必要とはいえ、「意思」は目には見えません。

では、税務署は「意思」をどう判断するかと言えば、一般的に、

- 調査時の聞き取りによる情報
- 通帳の保管状況
- 印鑑の保管状況
- お金を引き出した形跡
- 贈与契約書の有無等の状況

などから総合的に判断するようです。

「バレないだろう」と思うかもしれませんが、名義預金は申告漏れ財産の典型パターンです。調査官もやすやすとは見逃さないでしょう。悪質な場合にはペナルティとして重い加算税がかかる可能性もあります。

では、どうすればよかったのでしょうか。

贈与税は年110万円の非課税枠があります。本例であれば、通帳や印鑑を幸子さん夫婦が保管したりせず、実際に本人（孫）または親権者（2人の娘）に渡し、**「本**

当に贈与をしておけばよかった」のです。

より慎重を期すために、毎年贈与契約書を作成したり、あえて非課税枠である110万円を少し超える額を贈与したうえで贈与税の申告・納税を行ない、税務署に贈与の証拠を残したりする場合もあります。

このあたりは、「この方法なら絶対に大丈夫」と形式のみで言い切れるものではなく、実態で判断される部分です。安易に判断することなく、税理士に相談をしつつ慎重に進めるようにしてください。

相続税は、名義さえ変えれば逃れられるほど単純なものではありません。**名義預金は相続時に問題になるケースが多いので、安易に行なわないようにしましょう。**

4章

残念な実例④
「わだかまり」をのこす遺言書

この章で取り上げている遺言書は、法的な要件は満たしていますし、手続きも問題なくできるものです。ただし、遺言者に配慮が足りなかった結果、家族に「わだかまり」という負の遺産をのこしてしまった遺言書です。作成した本人は、もうこの世にいないため、「どういう意図なの？」と尋ねられないのがやっかいです。

困らせたくないからつくったはずなのに家族はやり場のない気持ちに……

想いが誤った形で伝わるという悲劇

ここまで、いくつもの「残念な遺言書」を見てきましたが、この章に登場するのは、**家族に心理的なダメージを与える点での「残念な遺言書」**です。

法的な要件を満たしていても、手続きがスムーズにできるようになっていても、それだけではいけないのです。

遺言書をつくるとき、その人はどのような気持ちなのでしょうか。

「想い」は一括りにできませんが、少なくとも、「家族を困らせたくない」という想いはあるはずです。「自分が死んだ後のことなんて知ったことではない」という人は、そもそも遺言書をつくろうとはしないはずですから。
にもかかわらず、のこされた人に想いが伝わらず、家族間の溝を生じさせてしまった遺言書を、筆者はいくつも見てきました。

遺言書の難しいところは、家族が遺言書を見るとき、作成した本人は、もうこの世にはいないことです。もし生きていたなら、誤解を解くための話し合いをしたり、本音を聞かせてもらう機会もあるでしょうが、亡くなってしまった後では、その願いは叶わないのです。

遺言書を作成するときは、法的な検討や不測の事態の検討などとあわせて、「のこされる側の想い」に十分配慮することが欠かせません。

いくら問題なく手続きが済んだとしても、その後で家族の間で行き来が途絶えてしまうようなことがあれば、それは「よい遺言書」とは言えないのではないでしょうか。

次ページ以降の、想いが誤って伝わってしまったり、配慮が足りなかったりした例を参照されて、きちんと想いが伝わる遺言書を作成してほしいと思います。

16 特例制度を使うために極端な内容になった遺言書

遺言公正証書

第一条　遺言者は、①遺言者の有する次の財産を、二男　甲野次郎　に相続させる。

1、土地

所在　愛知県名古屋市中村区〇〇五丁目

地番　五番

地目　宅地

地積　一五〇・〇〇㎡

（中略）

4、建物

所在　愛知県名古屋市中村区〇〇三丁目三番地

種類　共同住宅

構造　鉄筋コンクリート造陸屋根五階建

床面積　1階　一二〇・〇〇㎡

（中略）

①、②「税金が安く済む」という理由だけで、二男や遺言者の養子にした二男の息子（遺言者の孫。障害者手帳を保有）への財産の配分が極端に多いのは、長男の一郎さんにとってはショックなはずです。

5階　一〇〇・〇〇㎡

第二条　②遺言者の有する次の財産を含むすべての金融資産及び現金は、遺言者の養子　甲野三郎　に相続させる。

（預貯金の表示）

1、Ａ銀行　名古屋支店
口座番号０００００１　普通預金

2、Ａ銀行　名古屋支店
口座番号０００００２　定期預金

（省略）

（付言）

一郎、次郎へ。相続税をできるだけ払わなくて良いよう、このような遺言をつくりましたので、安心してください。

今までありがとうございました。これからも兄弟仲よく暮らしてくださいね。

ポイント

- 相続税のシミュレーションから始めてしまって失敗する典型例
- 特別障害者への控除枠の活用など、特例の知識がアダにならないよう注意
- 節税対策の養子縁組は慎重に（やめたほうがよいケースが少なくない）

節税さえできれば本当によいのか？

甲野太郎さんは次の財産を保有しています。

- 自宅の土地建物　評価額計８０００万円
- 賃貸アパートの土地建物　評価額計１億円
- 預貯金　４０００万円

太郎さんには２人の息子がいますが、現在、二男一家と同居をしています。「息子たちは仲がよく、相続で争うことはないと思うが、できるだけ相続税のかからないようにしてあげたい」と考え、相続対策について税理士に相談しました。すると、

- 養子を迎えることで子が１人増えれば、基礎控除額（１９９ページ参照）を増やす

ことができる。
●二男の息子は幼いころから視力が弱く障害者手帳を保有しているので、この子を養子縁組すれば、特例による税額控除の適用によってさらに節税できると教えてもらいました。太郎さんはその税理士に、相続税が最も安くなる分割パターンをシミュレーションしてもらい、そのシミュレーションの内容で、先のような遺言書を作成しました。

土地建物を二男に相続させるとしたのは、一定の要件を満たした場合に土地の評価が最大8割減される**小規模宅地等の特例の適用を受けるためです**。

小規模宅地等の特例の適用を受けるには、その土地建物を誰が譲り受けてもよいわけではなく、自宅の敷地であれば「被相続人と同居していた親族」、貸アパートの敷地であれば「その賃貸事業を引き継ぐ親族」などの要件があります（この他にもいくつかの要件があるので、適用を検討する際は税理士に相談してください。また、自動的に適用されるものではなく、必ず相続税の申告が必要です）。

この例では、遺言者である太郎さんの自宅土地建物では二男一家と同居しており、また賃貸アパートの経営も、二男が引き継ぐ予定です。そのため、二男に自宅不動産とアパートを相続させることが、税金計算上は最も「おトク」ということです。

また、障害者の税額控除制度により、一定の障害者が支払う相続税は、その障害のある人が満85歳になるまでの年数1年につき10万円（特別障害者の場合は20万円）の控除がされます。

仮に太郎さんに相続が起きた際、養子の三郎さんが30歳だとすれば、三郎さんが支払うはずだった相続税は、（85歳－30歳）×10万円の550万円までが控除されるというわけです。同じ額の財産を、障害のある人がもらうのか、それ以外の人がもらうのかでは、障害のある人がもらったほうが相続税が安くなります。

しかし、**節税を求め過ぎた結果、あまりにも偏った内容の遺言書をつくることを筆者はお勧めしません**。この遺言書を読んで長男は一体どう感じるでしょうか。

仮に、長男が家に寄り付かないなどの理由から、同居して世話をしてくれる二男一家に多くの財産を渡したいと思っている等の事情があるのであれば、このような遺言書も納得できます（ただし、94～103ページで説明している遺留分に配慮する必要はありますし、二男の相続税の支払い対策も検討する必要はあります）。

しかし、親子間や兄弟間にトラブルがあったわけでもなく、むしろ大切に思っていた長男に対して、**「あなたがもらわないほうが税金が安く済むから」という理由だけで財産の配分を減らすのは問題です。**

いくら仲がよい兄弟でも、ここまで極端な遺言書をつくられたら、長男はショックを受けるでしょうし、場合によっては感情的な理由から遺留分請求を行なう可能性もあります。そうなれば、せっかく仲の良かった兄弟間に溝が生じかねません。

また、本例では節税のために養子縁組を行なっています。

相続税は117ページで解説したように、基礎控除額（3000万円＋法定相続人数×600万円）まではかかりません。

つまり、**「法定相続人」が多ければ多いほど、相続税が安くなる**わけです。

そのため、養子をとり、自分の「子」を増やすことで、基礎控除額が増え、相続税の節税ができます（多数の養子をとれば養子の数だけ無限に基礎控除額を増やせるわけではなく、基礎控除額の計算上算入できる養子の数は、「実子がいる場合は1人まで、実子がいない場合は2人まで」という制限があります）。

しかし、養子縁組を節税のためだけに行なってよいのかと言えば、個人的にはあまり賛成できません。もちろん、「今後養子に家を継いでいってほしい」とか、「今までも子ども同然で暮らしているから」というように、節税以外の理由があれば問題ないでしょう。

一方で、単に基礎控除額を600万円増やすためだけに身分関係を変えるのは、主客転倒な気がしてなりません。

孫の側も納得していればよいのですが、現実的には、自分の祖父や祖母が法律上だけとはいえ親になることに抵抗を感じる人は少なくありません。このあたりの考えは家庭ごとの価値観も影響するので一概には言えませんが、関係者間でよく話し合って、慎重に決めてほしいところです。

なお、孫を養子にすることで、太郎さんの相続人は1人増えることになります。そのため、単に基礎控除額が増えるだけではなく、当然、法定相続分や遺留分の額にも影響があるわけです。ここまで考慮したうえで検討してください。

節税ばかりを追い求めた結果、家族に溝や争いが生じてしまっては、本末転倒です。節税はもちろん大切ですから、相続税のシミュレーションが不要ということではありません。

大切なのは、「相続税のことも含めて、バランスよく多方面から検討すること」です。

たとえば、このケースでは、長男にも財産をのこしてあげたい想いがあるのなら、生命保険で長男にお金をのこしたり、生前贈与を活用するなど、方法は他にもあるわけです。

順番としては、相続税のシミュレーションから始めてしまうのではなく、その前に自分の想いとして、誰にどの財産を渡したいのかを検討すべきでしょう。

そのうえで、税金上の問題がないか検討をしていきます。

この順番を間違えると、想いがすっぽりと抜けた遺言書になりかねません（186ページ以降で遺言書を作成する際の検討事項の順序を記載しているので参照してください）。

17 「家を継ぐ子が全部相続」が常識？長男を優遇し過ぎた遺言書

遺言公正証書

第一条　遺言者は、遺言者の有する次の財産を含むすべての財産を、遺言者の長男乙野一夫（昭和三〇年一二月一日生）に包括して相続させる。

（1）土地
所在　愛知県一宮市〇〇
地番　一〇〇〇番
地目　宅地
地積　四〇〇・〇〇㎡

原則として長男が全財産を相続する「家督相続」は旧民法で定められた制度で、現在の民法では、長男も長女も、二男も二女も、子である以上、平等とされています。

（２）建物
所在　愛知県一宮市○○一〇〇〇番地
家屋番号　一〇〇〇番
種類　居宅
構造　木造瓦葺平家建
床面積　一五〇・〇〇㎡

（３）預貯金
X銀行一宮支店　口座番号000001
の普通預金
（省略）

ポイント

- **現在の民法では子である以上、相続の権利は平等**
- **長男にすべて相続させたい場合は納得が得られる理由を説明する**
- **遺留分減殺請求をされた場合に備えた対策もしておく**

「それが常識だから」で説き伏せるのは非常識

乙野正男さんには長男、長女、二男の3人の子がおり、みな正男さんの家の近くで、それぞれの家族と暮らしています。正男さん自身が同居を拒むため、長男は賃貸アパートで暮らしていますが、ゆくゆくは正男さんの家を継いで暮らしていく予定です。

現在、兄弟3人がそれぞれ協力し合い、1人暮らしをする正男さんの家を交互に訪れて身の回りの世話をしています。

正男さんは「自分には財産と言うほどの財産はない」と思っていましたが、念のため前ページのような遺言書を作成しました。

この内容になったのは、正男さんは自身が本家の長男の身で、**「家や土地は長男がもらうのが常識。家を守るにはお金も必要だから、預金も全部長男がもらうべき」**という考えを持っているためです。「家を継ぐ子が全財産を引き継ぐのが古くからの常識なので、二男も長女も納得するだろう」と考えています。

さて、正男さんの常識は法律上はどうなのでしょうか。

相続のルールは民法に定められています。**現在の民法では、長男であっても長女であっても二男であっても、子である以上、相続での権利は平等です。**

ちなみに、昭和22年に改正される前の民法では「家督相続」といい、原則として長男が全財産を相続するルールでした。

しかし、法律が改正されたからといって、人々の常識がすぐに変わるわけではありません。

そのため、本例の正男さんのように、現在でも「長男が全部相続するべきだ」と考えている人も少なからず存在します。

仮に、家族全員が正男さんと同じように、「長男が全部相続するべき」と考えていれば、何も問題はありません。相続できる権利があっても、長女や二男が遺留分減殺請求をしなければ、正男さんの遺言書どおりに長男がすべて相続し、これで完了です。

一方で、この常識が家族間で異なると厄介なことになります。
正男さんや長男が、「財産は長男が全部もらうのが常識」と思っていても、長女や二男は現在の法律どおり、「3人とも平等に相続すべき」と考えている可能性もあるわけです。

「うちの子どもは弁護士じゃないから、そんな法律があるなんて知らないよ」と軽視してはいけません。 インターネットで検索すればいろいろなことがわかる現代。自分たちにも財産を譲り受ける権利があることや、「遺留分」という制度があることに、すぐ気づくでしょう。

仮に、長女や二男に財産を譲り受ける気持ちはなくても、それぞれの夫や妻が介入し、「権利があるのだから遺留分くらいはしっかりもらいなさい」などとけしかけることも十分考えられます。実際に遺留分減殺請求などをされれば、長男がその対応に苦慮することにもなりかねません。また、せっかく良い関係だった兄弟間にわだかまりが生じる可能性もあります。

それでも長男にすべて相続させたい場合は？

長男を優遇する遺言書をのこしたい場合は、遺留分減殺請求をされたときの対策を検討することが必要不可欠です。

あわせて、**「長男にすべて相続させたい」という自分の考えを、遺言書を作成する前に家族全員に伝え、それぞれの意見を聞いておいたほうが安心です。**

その際は、単に「常識だから」と言うのではなく、

- 自宅は財産とはいえ売るわけではないこと
- 家は今後も長男が継ぎ守っていってほしいこと
- 家の維持管理や法要など親戚の集まり、お墓の管理やお寺との関係などで今後費用的な負担が生じること

など、「なぜ長男にすべて相続させたいのか」を説明することで納得が得られることが多いでしょう。

18 介護をした長女と年に数回顔を出す二女を平等に扱った遺言書

遺言公正証書

第一条　次の財産は、私の長女　丙田夏美（昭和三二年一月一日生）と、私の二女　甲野秋子（昭和三四年二月一日生）に、各二分の一の割合で相続させる。

（1）土地
所在　岐阜県各務原市○○
地番　一〇〇〇番
地目　宅地
地積　三〇〇・〇〇㎡
（2）建物
所在　岐阜県各務原市○○一〇〇〇番地
家屋番号　一〇〇〇番

「兄弟姉妹に同額の財産を渡すことが平等」と漠然と考えている人は、それが本当に「平等」と言えるのか、今一度考え直しましょう。

種類　居宅
構造　木造瓦葺2階建
床面積　1階二〇〇・〇〇㎡
　　　　2階一八〇・〇〇㎡

第二条　次の財産は、前記　丙田夏美に相続させる。
（1）A銀行　東支店　普通預金
　　口座番号　0000001

第3条　次の財産は、前記　甲野秋子に相続させる。
（1）B銀行　西支店　普通預金
　　口座番号　0000002

（省略）

ポイント

- 熱心に親の介護をした子とそうでない子に財産を同額に分配するのは、介護をした子が不公平感を持つ可能性が高い
- 自分の介護をしてくれる子には、感謝の気持ちを上乗せしよう

介護をしてきた長女が「自分の時間が軽んじられた」と感じる可能性大

丙田春子さんは、数年前に足を痛めて以来1人でできないことが増えたため、**長女と同居**をしています。長女は**春子さんの介護のために正社員からパートタイマーになりました**。春子さんは申し訳ないという気持ちと感謝の気持ちの両方を長女に感じています。

春子さんにはもう1人、娘（二女）がおり、隣県に住んでいますが、年に数度、家族皆で春子さんに会いにきてくれます。

春子さんの財産は、自宅不動産のほか、預貯金がA銀行とB銀行にそれぞれ1000万円ずつあります。春子さんは2人の娘が争いになったら気の毒だと感じ、遺言書を作成することにしました。

長女には日頃お世話になっている一方、春子さん自身が末っ子で幼いころに長男と

比べて様々な面で損をしてきたという想いがあったため、２人の娘の財産分与は平等にしたいと考えて前ページのような遺言書を作成しました。

この遺言書は、特に間違っている記述があるわけではありません。ただ、**この内容を見たときの長女の心情が非常に心配になります。**

春子さんは、姉妹「平等」にしたいと考えてこのような遺言書を作成しました。しかし、相続における「平等」とは一体何なのでしょうか。

同居して熱心に介護をしてきた子と、年に数度顔を出す子。それぞれに同じ額の財産を渡すことが、本当に「平等」と言えるのでしょうか。

もちろん長女は親の財産ほしさに介護をしているわけではないはずです。しかし、やはり、介護に携わらなかった妹と自分がまったく同じ額というのは、どこか釈然としない想いがのこるでしょう。

これは、単に「財産がたくさんほしい」ということではなく、自分のしてきたことや自分がかけてきた時間が軽んじられたような、報われない想いから生じるものです。

同じ額の財産を渡すことこそが平等だと盲信し、遺言書を作成した結果、せっかく熱心に介護をしてくれた長女に、割り切れない想いを抱かせることになってしまうのです。

介護をしてきた子にどれくらい多めの財産を渡せばよいか

では、介護をした子と、してこなかった子、いくらの差ならよいのかと言われれば、これに正解はありません。

法律上、**「寄与分」**という制度はありますが、これは苦労をかけた子に報いるという趣旨ではなく、被相続人の財産を増やすことか、または減らなかったことに貢献した分を上乗せして相続分を認めるという話です。

介護をしてきた子にどのくらい多めに財産を渡せばいいのか――。

これは、実際に遺言書をつくる人が、子への感謝の度合いで決めるべきものなのです。

同程度の財産を渡すことが、一概に悪いというわけではありません。遺言書の形式には「正解・不正解」はありますが、内容に正解・不正解などないからです。

ただ、兄弟皆に同じ額の財産を渡すことこそが平等だ、と漠然と考えているのであれば、それが本当に平等なのか、ちょっと立ち止まって考えてほしいのです。よく考えた結果、「やはり同程度の財産を渡すことがよい」という結論であれば、それで構いません。問題のない「よい遺言書」をつくるためには、様々な角度からの検討が不可欠なのです。

また、仮に**同じ額を渡すような場合でも、不動産の共有は避けたほうがよいでしょう**。特に土地は半永久的に消滅しません。そのため、相続した当初は姉妹での共有でも、受け継いだ側の人にもいずれ相続が起き、さらに次の代に相続されていくことで、関係の遠い人同士の共有になっていってしまうためです。

そして、遺言書には、**「付言」**といって、想いを書くことができます。付言には法的効果はなく、付言がないからといって遺言書の効力に問題が生じるわけではありません。しかし、遺言書をつくる際は、ぜひこの付言も書いておいてほしいのです。

遺言書を開けるとき、遺言者本人はもうこの世にはいません。そのため、想いが誤解されてしまったり伝わらなかったりした場合、二度と訂正ができないのです。

- なぜ遺言書をつくろうと思ったのか
- 自分の亡き後、皆にどう暮らしていってほしいのか
- なぜこのような内容にしたのか
- のこされる大切な人たちに伝えたい感謝の想い

こうした想いを、ぜひ書いておいてください。遺言者の想いを正しく伝えることが、のこされる人に誤解やわだかまりを生じさせないことにつながるのです。

5章

残念な遺言書を書かないために知っておきたいポイント

これまで様々な「残念な遺言書」を紹介しながら問題点を見てきました。この章では家族をがっかりさせない「正しい遺言書」を書きたい人が知っておきたい知識をまとめました。特に、遺言書の作成フローである18個のポイントを押さえましょう。この順序に沿って作成すれば、「きちんとした、もめない遺言書」が完成します。

遺言書はズバリ
この方法でつくるのがおトク

気軽に書いてしまうと後々問題になる！

前章まで「残念な遺言書」を1つずつ解説してきました。問題のない遺言書をつくるための注意点について理解できたのではないでしょうか。

この章では、ここまでに取り上げてきた問題点を踏まえて、実際にどのように遺言書を作成すればよかったのか、正しい書き方・のこし方について解説していきます。

遺言書は主に**「自筆証書遺言」**と**「公正証書遺言」**の2つの種類が存在します（この他にもいくつかの種類が存在しますが、特殊な場合に使用するものがほとんどなので、本書では割愛します）。

■公正証書作成の基本手数料

財産の価額	手数料
100万円まで	5000円
100万円超200万円まで	7000円
200万円超500万円まで	１万1000円
500万円超1,000万円まで	１万7000円
1,000万円超3,000万円まで	２万3000円
3,000万円超5,000万円まで	２万9000円
5,000万円超１億円まで	４万3000円
１億円超３億円まで	5000万円ごとに１万1000円加算
３億円超10億円まで	5000万円ごとに１万3000円加算
10億円超	5000万円ごとに8000円加算

では、遺言書を作成する際、公正証書遺言と自筆証書遺言では、どちらが「おトク」なのでしょうか。

この２つの遺言書、作成時の費用や手間のことだけを考えれば、自筆証書遺言のほうが楽ですし、費用もかかりません。

一方で、公正証書遺言は所定の手数料がかかるほか、作成のための資料を公証役場に提示しなければならず、手間もかかります。

公正証書遺言作成の費用の計算は少し難しいのですが、上表にあてはめて、「渡す相手」ごとに計算をします。

たとえば、２５００万円相当の財産を配偶者に、８００万円相当の財産を長男と長女それぞれに相続させるという内容の遺言書を作成する場合には、手数料は6万8000円になり、この他に紙の枚数により用紙代が少し加算されます。

6万8000円の計算根拠は、配偶者に渡す分が「1000万円を超え3000万円以下」に該当するため、2万3000円、長男と長女の分が「500万円を超え1000万円以下」に該当するため、それぞれ1万7000円で、ここまでの合計が5万7000円です。

さらに、今回記載する財産の総額が1億円以下であるため、遺言加算として1万1000円が加算され、合計が6万8000円ということです。

また、体調等の理由で公証役場に出向くことができない場合には、公証人に病院等まで出張してもらうことができますが、その場合には1万1000円を加算する前の金額が1・5倍となるほか、日当・交通費が加算されます。

しかし、**公正証書遺言は費用や手間がかかるからといって、安易に自筆証書遺言を選択することはお勧めできません。**

実際の手続きのことやリスク面を考えた場合には、費用や手間をかけたとしても、やはり公正証書遺言で作成しておくべきです。

すでに書いてしまった人、必読！自筆証書遺言の問題点を押さえよう

自筆証書遺言の4つのリスク

では、自筆証書遺言の問題点には具体的にどのようなものがあるのでしょうか。1つひとつ見ていきましょう。

1、無効になるリスクが高い

前述のとおり自分で作成した自筆証書遺言で問題がないものを筆者は見たことがありません。

そもそも遺言書としての要件を満たしていないものも存在するほか、財産の記載が曖昧で特定できないものや、表現が抽象的で判断に迷うものも散見されます。

2、検認が必要なことで時間がかかる

自筆証書遺言は、相続が起きた後、検認を行なわなければ、不動産の名義変更や銀行口座の解約などの具体的な手続きに使用することができません。

また、遺言書に封がしてあった場合、検認の前に勝手に開けてはいけない決まりになっています。

検認とは、家庭裁判所で行なう開封式のようなものです（181～183ページ参照）。

検認をしてもらうには、まず戸籍謄本や除籍謄本などの必要書類を集め、家庭裁判所に申立てをした後、他の相続人が参加するための通知期間をあけて開催されます。

そのため、**どれだけスムーズに書類の収集や申立てを行なったとしても、相続開始から検認が完了するまでは1～2か月はかかると考えてください**。この間、故人の銀行口座からはお金を引き出すことはできず、手続きが止まってしまいます。

なお、検認を無事に経たからといって、その遺言書が手続きに使用できるとは限りません。検認の場で遺言書を開けたはよいが、開封した結果、内容に問題があったような場合には、そこから対応を検討していく必要があります。

一方、公正証書遺言であれば検認は不要です。

■「検認」の概要①

●検認とは何ですか？

相続人に対し遺言の存在とその内容を知らせるとともに、遺言書の形状、加除訂正の状態、日付、署名など、検認の日現在における遺言書の内容を明確にして遺言書の偽造・変造を防止するための手続きです。

●申立人は誰になりますか？

遺言書の保管者や遺言書を発見した相続人になります。

●申立先はどこですか？

遺言者の最後の住所地の家庭裁判所です。

●申立てに必要な費用はどれくらいですか？

遺言書（封書の場合は封書）１通につき収入印紙800円分と連絡用の郵便切手になります。切手が何円分必要かは申立てをする家庭裁判所に確認してください。

●申立てに必要な書類は何ですか？

ケースによって次のとおり異なります。

【すべてのケースに共通する書類】

- 申立書（183ページ参照）
- 遺言者の出生時から死亡時までのすべての戸籍（除籍、改製原戸籍）謄本
- 相続人全員の戸籍謄本
- 遺言者の子（およびその代襲者）で死亡している人がいる場合、その子（およびその代襲者）の出生時から死亡時までのすべての戸籍（除籍、改製原戸籍）謄本

＊次ページに続きます。

■「検認」の概要②

「申立てに必要な書類」の続き

【相続人が遺言者の（配偶者と）父母・祖父母等（直系尊属）（第二順位相続人）の場合】

- 遺言者の直系尊属（相続人と同じ代および下の代の直系尊属に限る〈例：相続人が祖母の場合、父母と祖父〉）で死亡している方がいる場合、その直系尊属の死亡の記載のある戸籍（除籍、改製原戸籍）謄本

【相続人が不存在の場合、遺言者の配偶者のみの場合、または遺言者の（配偶者と）兄弟姉妹およびその代襲者（甥・姪）（第三順位相続人）の場合】

- 遺言者の父母の出生時から死亡時までのすべての戸籍（除籍、改製原戸籍）謄本
- 遺言者の直系尊属の死亡の記載のある戸籍（除籍、改製原戸籍）謄本
- 遺言者の兄弟姉妹に死亡している人がいる場合、その兄弟姉妹の出生時から死亡時までのすべての戸籍（除籍、改製原戸籍）謄本
- 代襲者としての甥姪に死亡している人がいる場合、その甥または姪の死亡の記載のある戸籍（除籍、改製原戸籍）謄本

■申立書の様式

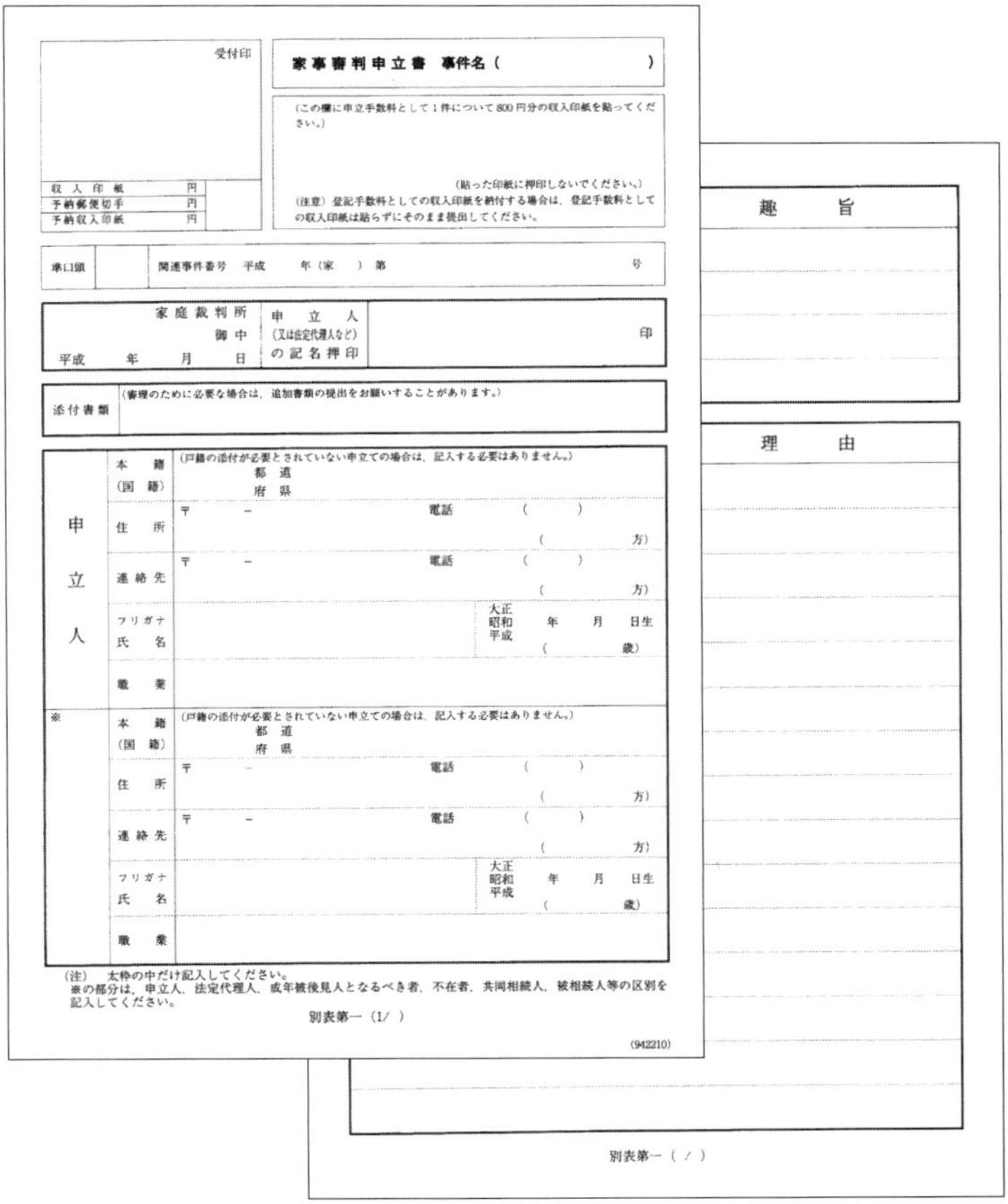

受付印

家事審判申立書　事件名（　　　　）

（この欄に申立手数料として1件について800円分の収入印紙を貼ってください。）

（貼った印紙に押印しないでください。）

（注意）登記手数料としての収入印紙を納付する場合は，登記手数料としての収入印紙は貼らずにそのまま提出してください。

収入印紙　円
予納郵便切手　円
予納収入印紙　円

準口頭　関連事件番号　平成　年（家　）第　号

家庭裁判所　御中
平成　年　月　日

申立人（又は法定代理人など）の記名押印　印

添付書類（審理のために必要な場合は，追加書類の提出をお願いすることがあります。）

申立人

本籍（国籍）（戸籍の添付が必要とされていない申立ての場合は，記入する必要はありません。）都道府県

住所　〒　－　電話（　）（　方）

連絡先　〒　－　電話（　）（　方）

フリガナ 氏名　大正 昭和 平成　年　月　日生（　歳）

職業

※

本籍（国籍）（戸籍の添付が必要とされていない申立ての場合は，記入する必要はありません。）都道府県

住所　〒　－　電話（　）（　方）

連絡先　〒　－　電話（　）（　方）

フリガナ 氏名　大正 昭和 平成　年　月　日生（　歳）

職業

（注）太枠の中だけ記入してください。
※の部分は，申立人，法定代理人，成年被後見人となるべき者，不在者，共同相続人，被相続人等の区別を記入してください。

別表第一（1/　）

(942210)

趣　旨

理　由

別表第一（　/　）

申立書は裁判所のホームページでダウンロードできるほか、裁判所で入手可能です。

http://www.courts.go.jp/saiban/syosiki_kazisinpan/syosiki_01_17/index.html

3、紛失時に再生ができない

知らない人も少なくありませんが、**公正証書遺言は万が一紛失したとしても、再発行が可能です。**

再発行の依頼ができる人は、遺言者が存命のうちは遺言者本人のみ。遺言者が亡くなった後であれば、相続人等の利害関係人です。そのため、紛失の危険はないと言ってよいでしょう。

また、**平成元年以降に作成された公正証書遺言であれば、最寄りの公証役場から亡くなった人が遺言書をのこしていたかどうかの検索も可能**なので、見つけてもらえないリスクも減らすことができます（検索ができるのは相続人等の利害関係人に限られ、また遺言者の生存中は本人以外は検索できません）。

一方、**自筆証書遺言はその用紙自体が原本なので、紛失してしまった場合、再生は不可能**ですし、家族に内緒で作成した場合、遺言書自体を見つけてもらえないリスクもあります。

4、争いのもとになる危険性

自筆証書遺言は、基本的に1人で作成するものです。作成に証人もいりませんし、誰かの面前で書くわけでもありません。

そのため、**「本当に本人が書いたものなのか」「兄さんが認知症の父に無理に書かせたのではないか」といった疑義が生じ、争いに発展する可能性があります。**

一方、**公正証書遺言であれば、公証人の面前で本人の意思を確認のうえで作成されるほか、証人2人の立会も必要なので、原則としてこのような問題はありません。**

自筆証書で遺言書をつくった場合、公正証書に比べて前述のようなリスクがあります。

そのため、のこされた家族に迷惑をかけないためには、費用や手間はかかりますが、公正証書遺言で作成されたほうが「おトク」なのです。

遺言書作成の方法を検討する際は、目先の損得のみではなく、「相続が起きたときにどちらがスムーズで問題がないか」という視点で検討するようにしましょう。

現在、法務省で審議されている民法の改正案にて、遺言者の申出により自筆証書遺言を登記所（法務局）にて保管する制度の創設が検討されています。これにより自筆証書遺言特有のリスクのうち、1～3は軽減される見込みです。

遺言書の作成フロー18個のポイント

正しい遺言書を作成するときの流れはコレだ！

では具体的にどのような順序で遺言書を作成すればよいのでしょうか。ここでは公正証書で遺言書をつくる場合の流れを、巻頭（14、15ページ）のフロー図を使って1つずつ解説していきます。このフローで確認しながら遺言書作成を進めることで、「残念な遺言書」をつくってしまうリスクを格段に減らすことができるでしょう。

①自分の法定相続人は誰かを確認する

まずは自分の推定相続人を確認することからスタートです。

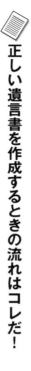

□ ①自分の法定相続人は誰かを確認する
←
□ ②財産の洗い出しをする
←
□ ③財産の一覧表をつくる
←
□ ④誰に何を渡したいか、まずは思いのままに検討する
←
□ ⑤相続税の問題の有無を確認する
←
□ ⑥遺留分を侵害しないか検討する
←

推定相続人とは、遺言書がなかった場合に、自分の財産を相続でもらう権利を持つ人のことだと考えてください。

では、誰が相続人となるのでしょうか。

まず、夫や妻といった配偶者がいれば、配偶者は常に相続人になります。

ただし、配偶者がいるからといって、配偶者のみが相続人になるわけではなく、次に記載する人たちと一緒に相続人になるのです。

最初に、子がいれば、子が相続人になります。

子のうちに、自分より前に亡くなった子がいれば、その亡くなった子の子

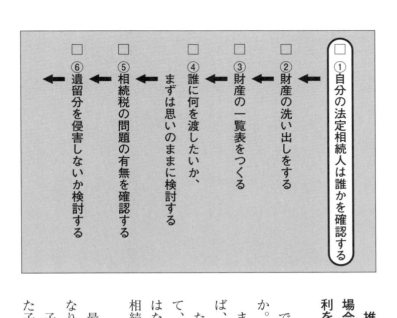

である孫が代襲して相続人になります。

なお、孫も先に亡くなった場合は曾孫……という具合に、理論上は無限に代襲します。


子や孫といった自分より下の世代の直系卑属が誰もいない場合に相続人になるのは、父母や祖父母といった、自分より上の世代の直系尊属です。

ただ、現在父母が元気であっても、自分自身に相続が起きたとき、父母が存命である可能性は低いですし、また、存命であったとしても父母が自分の相続権を主張して争うケースは多くありません。そのため、特段の事情がなければ、父母が相続人になるケースはそれほど考えなくてもよいでしょう。


それよりも、子や孫がいない場合には、次のケースを想定すべきです。

父母や祖父母もすべて他界していた場合に相続人となるのは、兄弟姉妹です。兄弟姉妹のなかに自分より先に死亡した人がいれば、その亡くなった兄弟姉妹の子である甥や姪が代襲して相続人になります。

ここまでいくと、あまり顔を合わせる機会のない人や会ったことさえない人がいる場合もあるでしょう。

■親族図

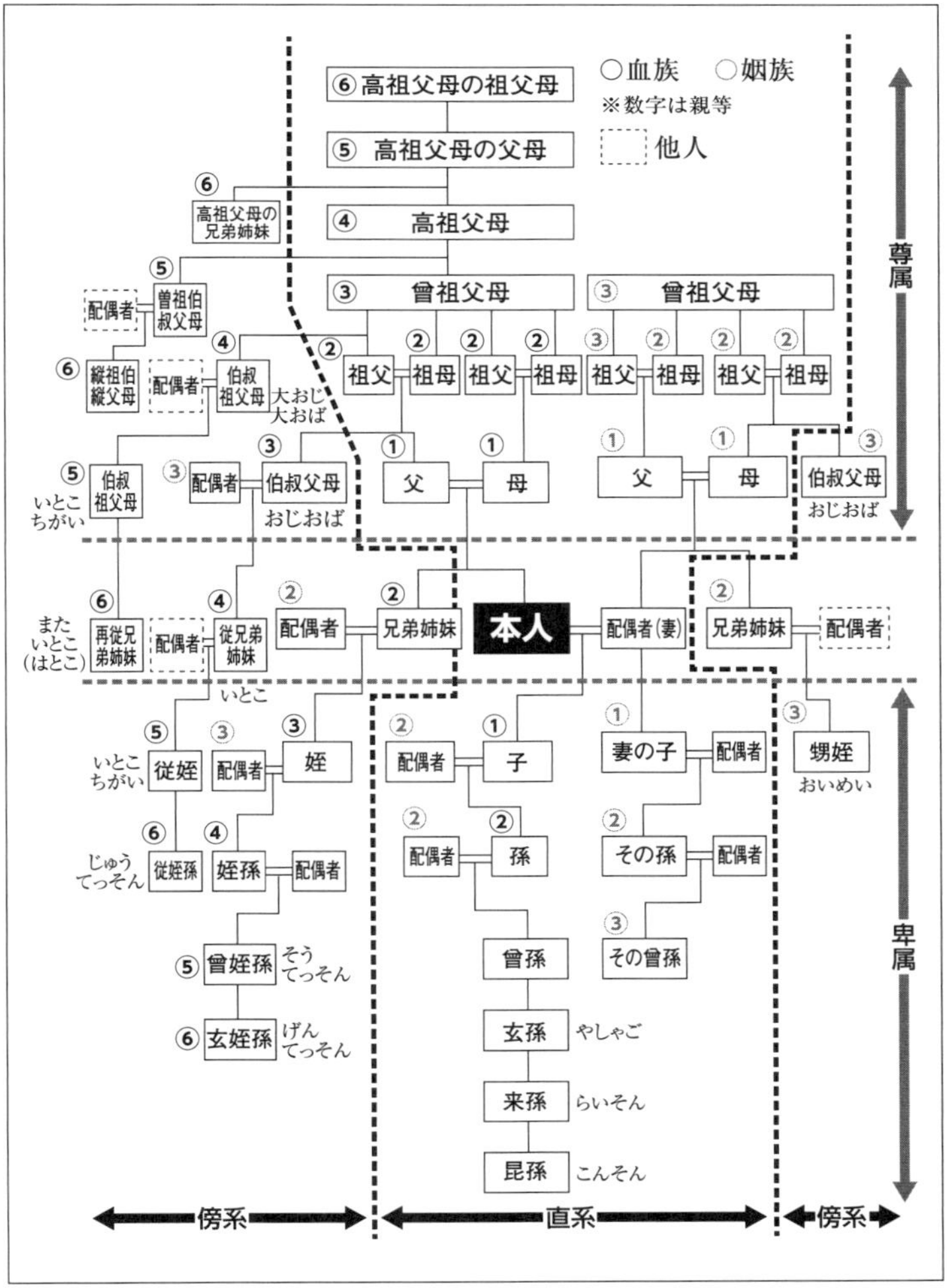
○血族　○姻族
※数字は親等
他人
⑥高祖父母の祖父母
⑤高祖父母の父母
⑥高祖父母の兄弟姉妹
④高祖父母
⑤曽祖伯叔父母
配偶者
③曾祖父母
③曾祖父母
⑥縦祖伯縦父母
配偶者
④伯叔祖父母
大おじ
大おば
②祖父
②祖母
②祖父
②祖母
③祖父
②祖母
②祖父
②祖母
①父
①母
①父
①母
③配偶者
③伯叔父母
おじおば
③伯叔父母
おじおば
⑤伯叔祖父母
いとこちがい
尊属
⑥再従兄弟姉妹
またいとこ(はとこ)
配偶者
④従兄弟姉妹
いとこ
②配偶者
②兄弟姉妹
本人
配偶者(妻)
②兄弟姉妹
配偶者
⑤従姪
いとこちがい
③配偶者
③姪
⑥従姪孫
じゅうてっそん
④姪孫
配偶者
⑤曾姪孫
そうてっそん
⑥玄姪孫
げんてっそん
②配偶者
①子
②配偶者
②孫
曾孫
玄孫
やしゃご
来孫
らいそん
昆孫
こんそん
①妻の子
配偶者
②その孫
配偶者
③その曾孫
③甥姪
おいめい
卑属
傍系
直系
傍系

なお、子や孫の代襲は無限ですが、この順位の相続人の代襲は一度のみですから、甥や姪も先に他界した場合、その子どもにまでは相続権はうつりません。

自分が亡くなったとき、相続人になるのは誰なのか。まずは、正しく把握しておきましょう。

②財産の洗い出しをする

次に自分の財産の洗い出しをします。

不動産であれば、毎年5月ごろに届く**固定資産税の課税明細書**、預貯金は**預貯金通帳や証書**、有価証券は、四半期に一度ほど証券会社から送られてくる**計算書等**、財産の内容のわかるものを用意しましょう。

なお、所有している不動産がすべて課税明細書に記載されるわけではなく、あまりにも評価額が低いものは、課税明細には載りません。**昔山林を買ったなどの記憶があれば、その土地の所在地の市町村役場に問い合わせ、評価証明書等を取得する**とよいでしょう。

□ ①自分の法定相続人は誰かを確認
←
□ ②財産の洗い出しをする
←
□ ③財産の一覧表をつくる
←
□ ④誰に何を渡したいか、まずは想いのままに検討する
←
□ ⑤相続税の問題の有無を確認する
←
□ ⑥遺留分を侵害しないか検討する
←

また、課税明細書は固定資産税を賦課するための書類ですから、共有の場合には、原則として代表者1人に送られ、全員に送付されるわけではありません。共有の不動産がある場合には、見落とさないように注意が必要です。

そのうえで、不動産については最寄りの法務局で登記事項証明書を取得してください。登記事項証明書とは不動産の戸籍謄本のようなものです。

不動産を特定して遺言書に記載するために必要な情報のほか、共有の場合の持ち分や一部のマンションの敷地権の割合（敷地権とはマンションの敷地である広い土地を、部屋を持っている人全員で共有しているというイメージです。単純に部屋数で割

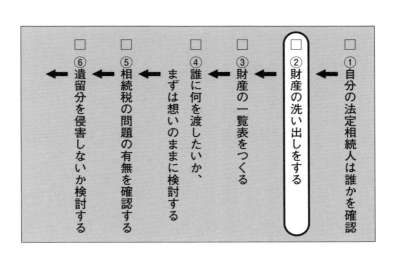

- □ ①自分の法定相続人は誰かを確認
- □ ②財産の洗い出しをする
- □ ③財産の一覧表をつくる
- □ ④誰に何を渡したいか、まずは想いのままに検討する
- □ ⑤相続税の問題の有無を確認する
- □ ⑥遺留分を侵害しないか検討する

るのではなく、部屋ごとにその割合が決まっています。この割合を敷地権割合といいます）も記載されています。

さらに、自分で会社を経営していた等で**上場していない株式を保有している場合は、単純な評価はできません。**思わぬ高額の評価となっている場合もありますので、税理士に評価をしてもらったうえで、事業承継のこともあわせて慎重に検討をしてください。

③財産の一覧表をつくる

自分の財産の資料を集めたら、財産の一覧表を作成しましょう。16ページと195ページに表を掲載したのでご利用ください。

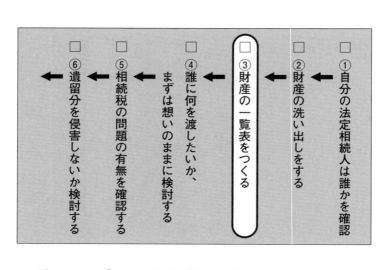

■こんな「かくれ財産」はありませんか？

・貸付金	自分が代表を務めている法人への貸付金はありませんか？
・ネットバンクの口座	いざというときに家族に見つけてもらえない財産の代表例です。
・長年利用していない銀行口座	少額しか入っていない口座でも相続税申告の対象です。見つけられなければ計算から漏れたことになってしまいます。
・価値の低い山林・原野	名義変更の漏れが生じてしまう財産の代表例です。

金額を書く欄がありますが、この時点で相続税の申告をするわけでないので、細かい計算までは不要です。

預貯金であれば現在の残高、有価証券であれば証券会社からの通知に書かれている残高を書いておけばよいでしょう。

建物は、固定資産税の課税明細書に記載されている評価額がその建物の評価額ですから、この金額を書いておいてください。

土地も、実際の相続税の計算はかなり複雑ですが、この段階では仮の計算で十分です。

最も簡単な方法として、固定資産税の課税明細書に記載されている評価額から割り戻す方法があります。

「財産目録」の書き方

遺言者　山田花子　　　　　　　　　　　作成日2018年5月8日

財産名	細目	詳細	所在等	価額（円）	受遺者①	受遺者②
土地	宅地	自宅敷地	愛知県名古屋市西区〇－〇	20,000,000	太郎	太郎の子、一郎
建物	居宅	自宅	愛知県名古屋市西区〇－〇	10,000,000	太郎	太郎の子、一郎
土地	宅地	貸家敷地	愛知県一宮市〇－〇	15,000,000	次郎	次郎の子、良子
建物	居宅	貸家	愛知県一宮市〇－〇	5,000,000	次郎	次郎の子、良子
預貯金	普通預金	No.00001	A銀行　名古屋支店	300,000	次郎に1,000万円、のこりをすべて太郎へ	次郎の分は良子へ、太郎の分は一郎へ
預貯金	定期預金	No.00002	A銀行　名古屋支店	10,000,000		
預貯金	普通預金	No.123456	B銀行　栄支店	500,000		
預貯金	定期預金	No.999999	B銀行　栄支店	3,000,000		
有価証券	投資信託等	No.111111	C証券　名古屋支店	5,000,000		
			合　計	68,800,000		

一般に、固定資産税の課税明細書に記載されている評価額は、地価公示価格の７割程度、相続税の計算をする際の評価額は地価公示価格の８割程度と言われています。

そのため、固定資産税の課税明細書に記載されている評価額を０・７で割り戻し、そこで出た金額に０・８を掛けることで大よその相続税評価額が計算できます。

仮に、課税明細書上の評価額が７００万円であれば、

７００万円÷０・７＝１０００万円

１０００万円×０・８＝８００万円

となり、８００万円がその不動産のおおよその相続税評価額となるわけです。

なお、他者から賃料をもらって貸して

財産目録

遺言者 ＿＿＿＿＿＿＿＿＿＿＿＿＿＿　　　　作成日　　年　月　日

財産名	細目	詳細	所在等	価額（円）	受遺者①	受遺者②
合　計				円		

■遺言書がなければ「想い」を実現できないケースの代表例

- 相続人がいない
- 内縁の妻など、相続人以外で財産を渡したい人がいる
- 相続人のなかに財産を渡したくない人がいる
- 相続人のなかに他の相続人より多く財産を渡したい相手がいる
- 寄付をしたいと考えている
- ある相続人に対して「確実にこれを渡したい」という財産がある
- 経営している会社の株式を保有していて、ある相続人に渡したいと考えている

いる土地や建物の相続税評価額は、ここで出た評価額よりも少し安くなることも覚えておくとよいでしょう。

④誰に何を渡したいか、まずは想いのままに検討する

遺言書で最も重要なのは、財産をのこす側の「想い」です。③で作成した財産一覧表を見ながら、どの財産を誰に渡してあげたいか、まずは想いのままに検討しましょう。

参考までに、遺言書がなければ「想い」を実現できない主なケースを上表にまとめました。

そして、次の⑤の段階から、このまま

- □ ②財産の洗い出しをする ←
- □ ③財産の一覧表をつくる ←
- □ ④誰に何を渡したいか、まずは想いのままに検討する ←
- □ ⑤相続税の問題の有無を確認する ←
- □ ⑥遺留分を侵害しないか検討する ←

作成した場合に問題がないかどうかを検討し、随時修正をしていきます。

⑤相続税の問題の有無を確認する

③で作成した財産一覧表を見ながら、相続税がかかりそうかどうか確認しましょう。

相続税は、全財産の合計（相続が起きる前3年以内に相続で財産を渡す相手にした贈与や、相続税精算課税という特例を使って行なった贈与で渡した財産も含みます）が、**「3000万円＋法定相続人の数×600万円」の基礎控除額を超えなければかかりません。**

法定相続人とは、仮に遺言書がなかっ

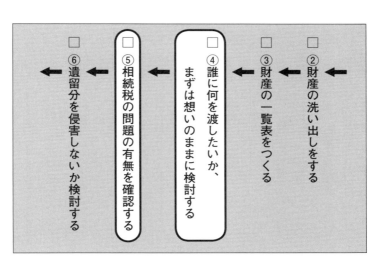

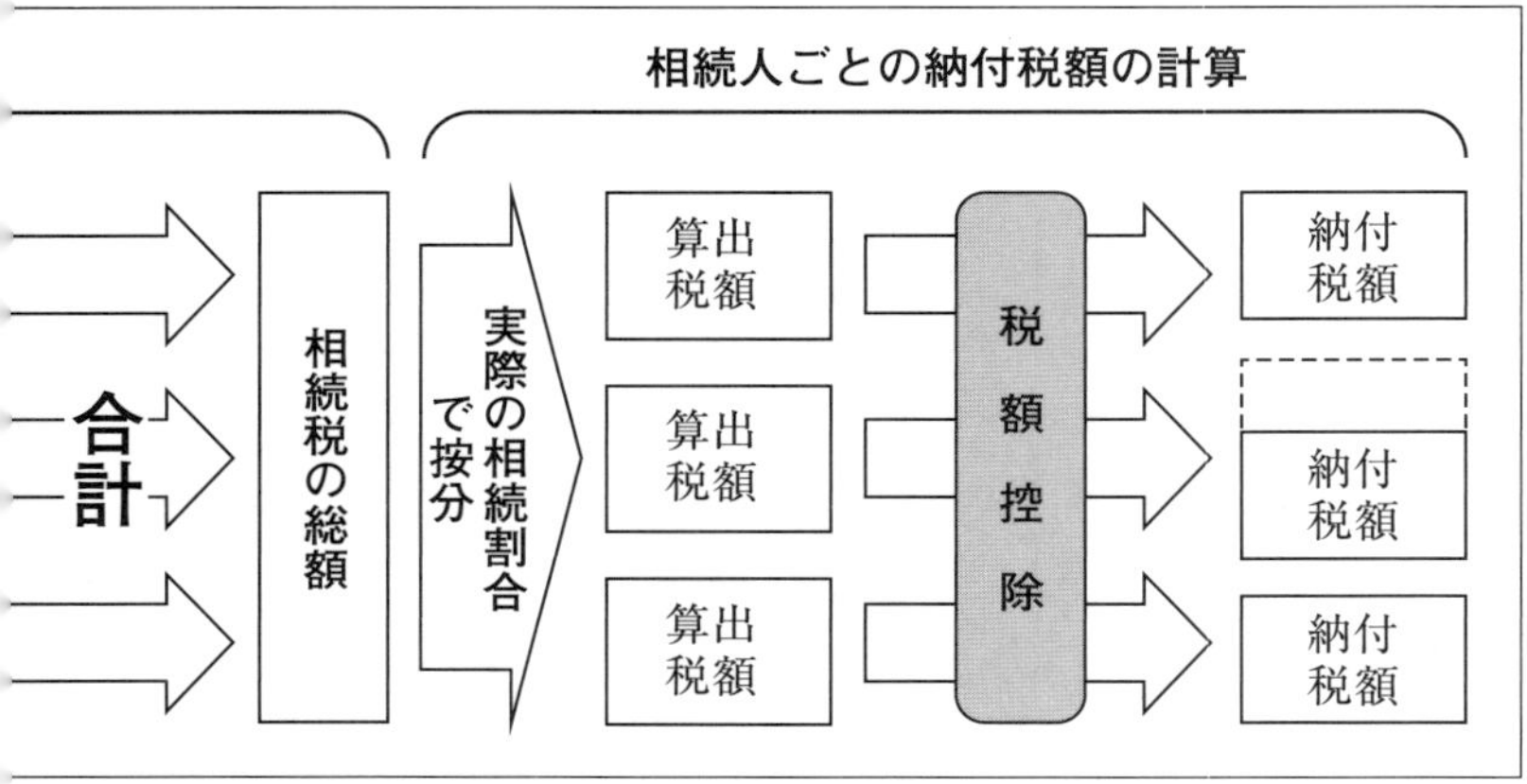

た場合に相続で財産をもらう権利のある人のことだと考えてください。

なお、**法定相続人の数は、遺言書の内容によって変わることはありません。**

たとえば、法定相続人が6人いたとして、遺言書で財産を渡す相手が1人である場合にも、基礎控除額の計算は「1人」ではなく「6人」で行ない、「3000万円+6人×600万円」の6600万円までは相続税がかからない、ということです。

検討した結果、財産の合計額が基礎控除額を超えない場合には、相続税の心配は不要です。

一方で、財産の合計額が基礎控除額を上回る場合は121ページの計算方法を参考

■相続税の仕組み

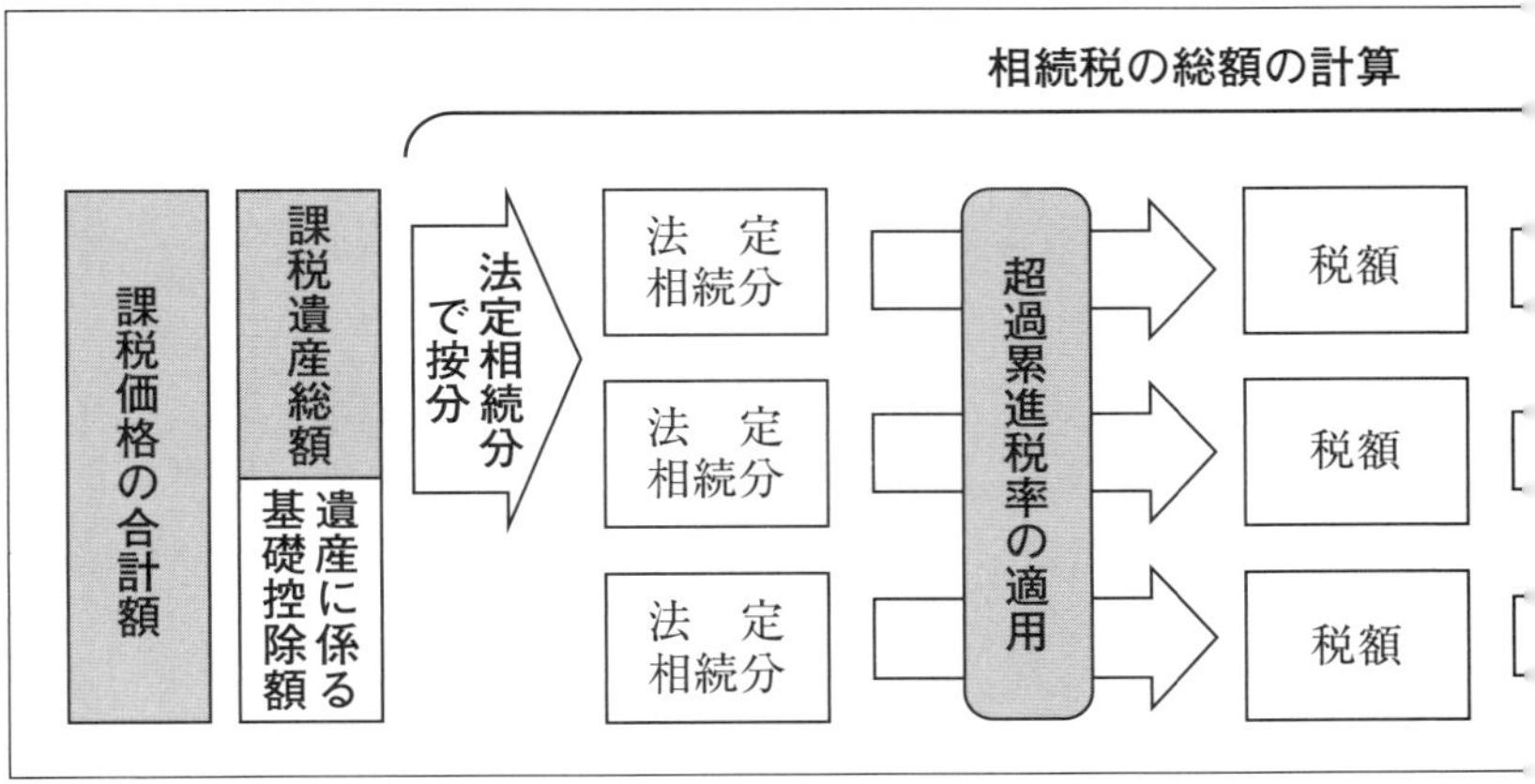

■相続税の速算表（平成27年1月1日以降の場合）

法定相続分に応じた取得金額	税率	控除額
〜1,000万円以下	10％	—
1,000万円超〜3,000万円以下	15％	50万円
3,000万円超〜5,000万円以下	20％	200万円
5,000万円超〜１億円以下	30％	700万円
１億円超〜　２億円以下	40％	1,700万円
２億円超〜　３億円以下	45％	2,700万円
３億円超〜　６億円以下	50％	4,200万円
６億円超〜	55％	7,200万円

■相続税の基礎控除額早見表

法定相続人の数	１人	２人	３人	４人	５人	６人
遺産に係る基礎控除額	3,600万円	4,200万円	4,800万円	5,400万円	6,000万円	6,600万円

■小規模宅地等の特例　※相続の開始の日が平成27年1月1日以後の場合

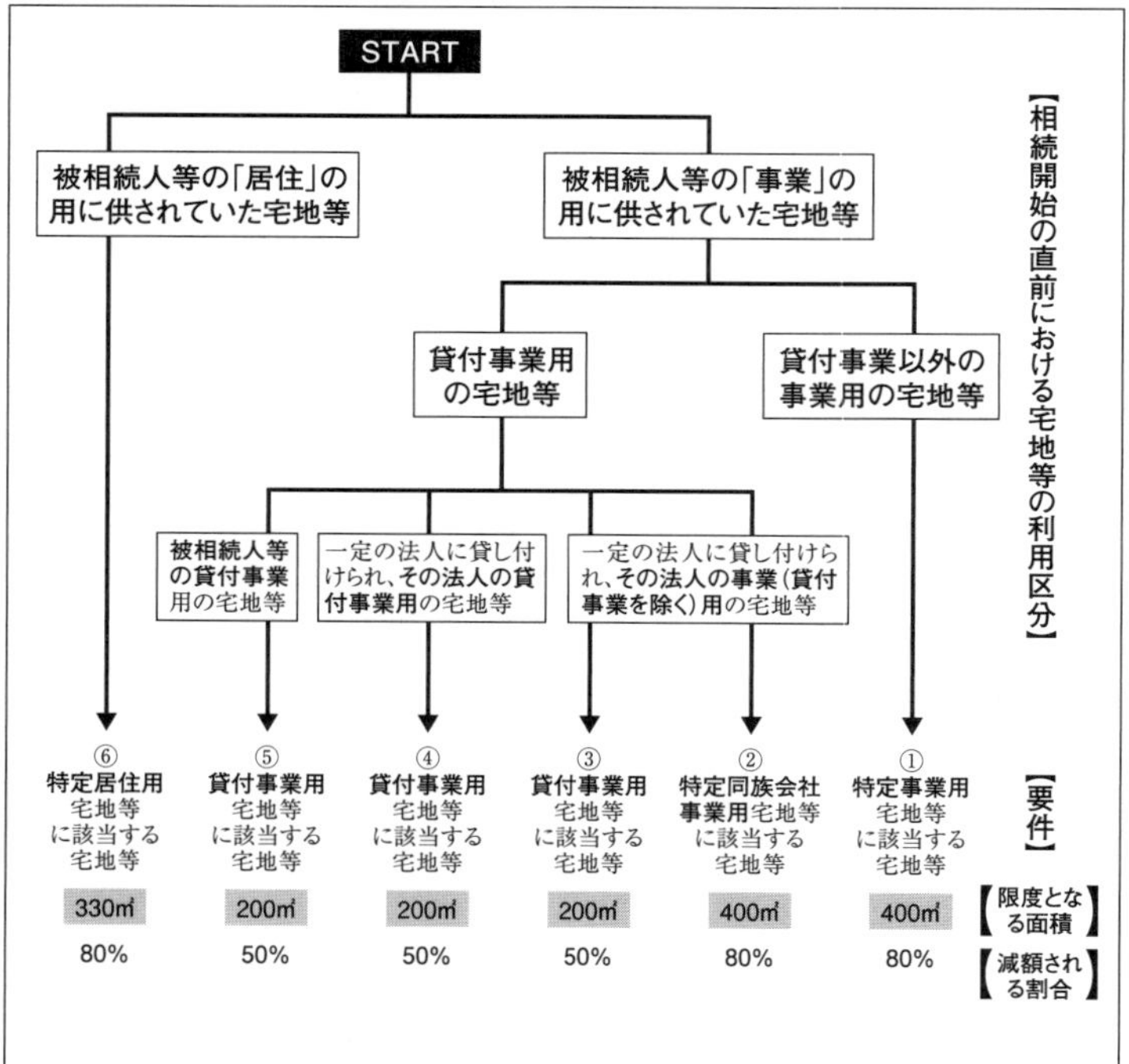

※「被相続人等」とは、被相続人または被相続人と生計を一にしていた被相続人の親族をいう。

にし、自分の相続に相続税がどのくらい生じるのか、大まかに知っておいてください。

相続税は現金一括払いが原則です。そのため、不動産や上場していない株式など換金が難しい財産を渡そうとしている相手が、相続税を支払う現金がなく、支払いに苦

□ ④誰に何を渡したいか、まずは想いのままに検討する
↓
□ ⑤相続税の問題の有無を確認する
↓
□ **⑥遺留分を侵害しないか検討する**
↓
□ ⑦寄付候補先に受入れ体制があるか確認する
↓
□ ⑧農地法など、諸法令上問題がないか検討する
↓

慮してしまうかもしれません。そうならないために、**相続税を払える程度の金融資産を追加で渡してあげるなど、配慮する必要がある**のです。

そのうえで、「これほど多額の相続税がかかるのは困る」という場合には、税理士等に相談し、**「生前贈与等の節税対策」**や**「納税資金を準備する対策」**、**「小規模宅地等の特例など、相続税の特例適用の可否」**を検討しましょう。

⑥遺留分を侵害しないか検討する

次に「遺留分」を侵害しているかどうかを検討しましょう。

「遺留分」とは**相続人に法律上確保された最低限度の取り分**です。

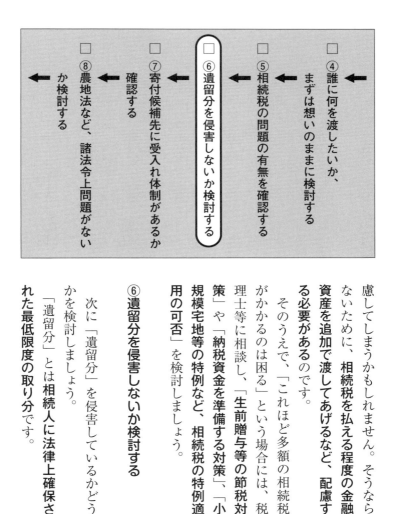

自分の想いのまま検討した内容では誰かの遺留分を侵害する場合、遺留分を侵害しない内容に変更することも1つの方法です。

一方で、**遺留分を侵害した遺言書が一概にダメということではありません**。遺留分減殺請求をされる可能性等を検討したうえで、あえて遺留分を無視した遺言書を作成するのも考え方として成り立ちます。

ただし、**遺留分を侵害した遺言書をつくる場合には、遺留分請求をされたときに、遺留分に該当するお金を支払うための準備だけはしておいてください**。

具体的には、財産を多く渡す相手（＝遺留分を侵害された相手から遺留分減殺請求を受けるであろう人）を受取人、自分自身を被保険者として、生命保険をかけておくなどの方法があります。

⑦寄付候補先に受入れ体制があるか確認する

これは寄付を検討しているケースで必要になるフローになります。66ページの事例でも解説したとおり、遺言書でいくら寄付をすると書いても、寄付先に拒否されてしまえば実現できません。

「寄付をする」と記載する場合には、遺言書を作成する前に、**必ず寄付先に受入れ**

□ ⑥遺留分を侵害しないか検討する
↓
□ ⑦寄付候補先に受入れ体制があるか確認する
↓
□ ⑧農地法など、諸法令上問題がないか検討する
↓
□ ⑨第二候補の受遺者を検討する
↓
□ ⑩財産の記載に漏れがないか検討する

の可否を確認してください。

そのうえで、もし希望する寄付先が寄付を受け入れていない場合には、別の寄付先を検討しましょう。

⑧農地法など、諸法令上問題がないか検討する。

財産のなかに田や畑といった**農地がある場合、その土地は農地法の制約がかかり、渡す相手が制限されます。**

農地を、子や配偶者といった法定相続人に渡す場合には「届出」でよいため問題ありません。一方、農地を本来の相続人以外に特定遺贈しようとした場合には、相続発生時に農地をもらおうとする受遺者が、農地法上の許可を受けなければなりません。

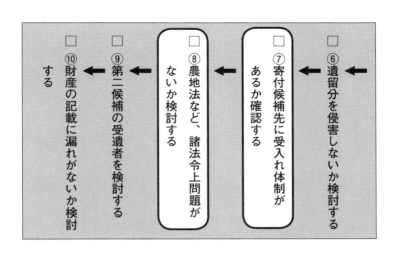

■**遺留分の割合**

相続人	相続財産に占める遺留分の割合（権利者全員の遺留分の合計）
子のみ	1/2
配偶者と子	1/2
配偶者と直系尊属	1/2
直系尊属のみ	1/3

許可には、農業に従事していることなどの要件があり、要件を満たさない場合には許可がおりず、遺言内容の実現が困難です。

諸法令の制限がないか、遺言書作成前に確認しておきましょう。

⑨第二候補の受遺者を検討する

不測の事態に備えて、各財産について**第二順位以降の受遺者**を検討しましょう。

具体的には80ページの事例を参照してください。

⑩財産の記載に漏れがないか検討する

行先の決まっていない財産がないか検討しましょう。とはいえ、**家財などあまり細かい財産まで羅列する必要はありません。**不動産や預貯金、有価証券などについては、た

- □ ⑧農地法など、諸法令上問題がない
- □ ⑨第二候補の受遺者を検討する
- □ ⑩財産の記載に漏れがないか検討する
- □ ⑪内容を再検討する
- □ ⑫遺言執行者の検討・依頼をする

とえ少額のものであってもすべて明記したうえで、細かな財産については、

> **上記に記載のない財産は、すべて○○に相続させる（遺贈する）。**

などと一文を入れておくことをお勧めします。

⑪内容を再検討する

①～⑩までを踏まえて、遺言書の内容を再検討しましょう。

いろいろと検討した結果、**自身の「想い」が大幅にずれてしまっていないか**、最初に立ち返った視点も忘れないでください。

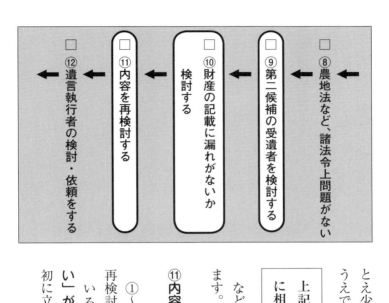

⑫遺言執行者の検討・依頼をする

財産を渡す相手が決まったら、**遺言書の内容を実現してくれる遺言執行者を選任しましょう。**

また、一方的に遺言書で執行者を指定されたからといって、執行者になる義務があるわけではなく、拒否もできます。そのため、いざ相続が起きた後で執行者候補者に断られてしまう危険性もあります。

そうならないために、**執行者候補者に、できる限り事前に承諾を得ておいてください。**

また、遺言執行者が自分より先に死亡してしまったり、病気等になったりして、遺言の執行ができなくなる可能性もあります。このような事態に備え、**遺言執行者についても第二順位まで指定しておくと安心です。**

⑬付言を検討する

財産の行先や執行者を決めたら、遺言書に記載する「想い」の内容を検討しましょう。

□ ⑩財産の記載に漏れがないか検討する
←
□ ⑪内容を再検討する
←
□ ⑫遺言執行者の検討・依頼をする
←
□ ⑬付言を検討する
←
□ ⑭公証役場に遺言書の内容を伝え、必要書類を確認する
←
□ ⑮必要書類を準備する

「想い」の部分は遺言書の最後に「付言」として記載します。

「付言」は法的効力はなく、「付言」がないからといって遺言書の効力には何ら影響はありませんが、のこされた家族や大切な人の立場で見れば、やはり遺言者の想いは大切です。

法律的な内容のみの遺言書は無機質に感じられて、のこされた側から見れば、少しさみしいものです。

また、遺言書の想いを誤って解釈されてしまい、わだかまりをのこしてしまうかもしれません。

遺言書を作成した自分の気持ちが正しく伝わるように、ぜひ付言も記載しておいてください。

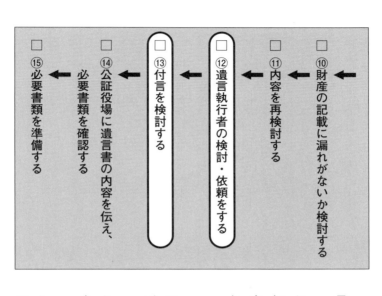

- □ ⑪内容を再検討する
- ← □ ⑫遺言執行者の検討・依頼をする
- ← □ ⑬付言を検討する
- ← □ ⑭公証役場に遺言書の内容を伝え、必要書類を確認する
- ← □ ⑮必要書類を準備する
- ← □ ⑯2名の証人を検討する
- ← □ ⑰公証役場に日時を予約する

⑭公証役場に遺言書の内容を伝え、必要書類を確認する

⑬までが整ったら管轄の公証役場に連絡をし、作成しようとする遺言書の内容を伝え、必要書類の確認をしましょう。

電話やファクシミリでのやり取りもできますが、**慣れていない場合には直接出向いて確認したほうが安心**です。

また、予約が優先のため、出向く前に電話で確認することをお勧めします。

主な必要書類は次ページのとおりですが、遺言書の内容によって異なる場合があります。必ず管轄の公証役場に事前に確認してください。

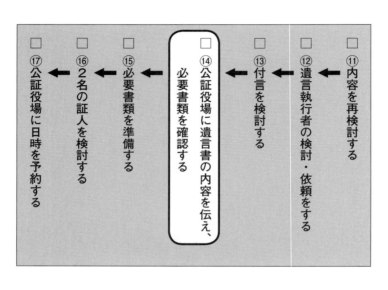

公正証書遺言の証人になれない人

- 未成年者
- 推定相続人（相続人の予定者）、受遺者（財産をもらう者）、これらの配偶者・直系血族
- 公証人の配偶者、四親等内の親族、書記、使用人

主な必要書類

- 不動産の固定資産税課税明細書と全部事項証明書
- 預貯金通帳や証書
- 有価証券の内容のわかるもの
- 遺言者の印鑑証明書
- 財産を渡す相手が親族の場合、遺言者と相手の関係のわかる戸籍謄本
- 財産を渡す相手が他人の場合、その相手の住民票
- 財産を渡す相手が法人の場合、その相手の登記事項証明書

- □ ⑬付言を検討する
- □ ⑭公証役場に遺言書の内容を伝え、必要書類を確認する
- □ ⑮必要書類を準備する
- □ ⑯２名の証人を検討する
- □ ⑰公証役場に日時を予約する
- □ ⑱公正証書遺言を完成させる

⑮必要書類を準備する

⑭で確認した内容を踏まえ、必要書類を準備しましょう。

⑯２名の証人を検討する

公正証書で遺言書をつくるためには、当日同席する証人が２名必要です。

また、**証人には未成年者はなれないほか、遺言者の推定相続人や遺言書で財産を渡すと書いた相手、そしてこれらの人の配偶者や直系血族も証人になれません。**

証人になれない人がとても多いため、「適切な人が思い浮かびません」

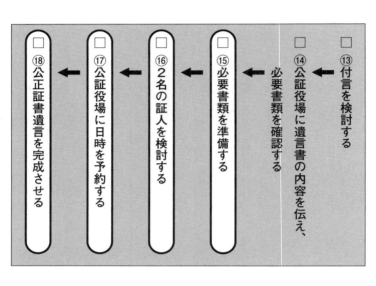

という人も多いのではないでしょうか。**思い当たる人がいない場合には公証役場で紹介してくれる**ので、公証役場に事前に相談してください。

⑰公証役場に日時を予約する

⑯まで決まったら、遺言書を作成する日時を公証役場に予約します。ここで改めて以下についても確認しておくと安心です。

- 当日持参するもの
- 作成にかかる手数料

⑱公正証書遺言を完成させる

予約当日に公証役場へ行き、その場で遺言書が完成します。

作成したら**「正本」と「謄本」が交付されるので、大切に保管してください。**

◇

このような流れで、公正証書遺言が完成します。

なお、公正証書遺言のサポートを専門家に依頼した場合、④「誰に何を渡したいか、まずは想いのままに検討する」段階と、⑱「公正証書遺言を完成させる」以外の各段階について、検討のためのアドバイスをしたり、検討のための資料の作成や必要書類の収集の代行、当日の同行や証人の手配をしたりします。

何をどこまで行なうのかは事務所によって異なるので、サポートを依頼する際は、表面的な費用のみで比較するのではなく、サポートの内容をしっかり確認されることをお勧めします。

また、別途費用はかかりますが、専門家が遺言執行者を引き受けてくれる場合もあります。これについても事前に確認しておきましょう。

エピローグ

結局は「実際に遺言書を使う場面」からの「逆算」がすべて

遺言書はその人が人生を賭けて守り、築いてきた財産を次世代に渡すためのとても大切な書類です。人の人生がそれぞれであるように、財産の内容も、希望する遺言の内容も、多種多様なもの。そのため、本書では取り上げられていないケースも存在するでしょう。

その場合に、「残念な遺言書」をのこさないための考え方は1つです。

それは、**実際に遺言書を使う場面や未来を想像し、逆算すること。**

「この財産は、この書き方で問題なく次世代に名義変更できるのだろうか」と思えば、その手続き先に確認する。そして、「この先の人生で、もしこんな事態が起きたら、この遺言書はどうなるのだろう」と想像する。

遺言書は、作成すること自体がゴールではなく、相続発生後、実際に手続きに使うためにつくるものです。そのため、こうして、未来から逆算をして、1つひとつ確認することが、「残念な遺言書」をつくらないための一番の近道なのです。

とはいえ、相続が起きた後の手続きに慣れていない場合、すべての事態を想定するのは、容易ではありません。使う場面が今すぐではなく、場合によっては何十年も先ということもあることが、問題のない遺言書をつくるのが難しい理由の1つです。

自分1人では検討しきれないという場合には、ぜひ、相続発生後の手続きに詳しい専門家に相談してください。

大切な人を想ってのこした遺言書が、大切な人に迷惑をかけてしまうことなど、誰も望まないはずです。

本書を通じ、問題なくスムーズに手続きができ、かつ、想いがしっかりと伝わる遺言書を作成される方が1人でも増えれば、専門家としてとても嬉しく思います。

2018年　5月

行政書士　山田和美

山田和美（やまだ　かずみ）
なごみ行政書士事務所・なごみ相続サポートセンター（愛知県東海市）所長。1986年生まれ。愛知県稲沢市出身。
大学では心理学を専攻。大学在学中に行政書士、CFP資格を取得。大学卒業後、名南コンサルティングネットワーク内名南司法書士法人に入社し、相続手続きを専門的に担う部署に所属。「終活」という言葉が一般的になる前から、相続手続きサポートや、遺言作成サポートなど、相続・終活関連の事業に従事。その後、名南税理士法人に転籍し、主に事業承継サポートを担当。
2014年に独立。なごみ行政書士事務所及びなごみ相続サポートセンターを開業。相続案件や遺言作成サポート案件を中心に業務を受注し、相続セミナー（金融機関・葬儀社等でのセミナーや、士業団体・日本FP協会各支部などでの専門家向け研修など年間50回超）やコンサルティングなどに積極的に取り組む。相続に関する相談件数は年平均100件超。主な著書に『お金の終活』（すばる舎）がある。

残念《ざんねん》な実例《じつれい》が教《おし》えてくれる
「きちんとした、もめない遺言書《ゆいごんしょ》」の書《か》き方《かた》・のこし方《かた》

2018年６月10日　初版発行

著　者　山田和美
発行者　吉田啓二

発行所　株式会社日本実業出版社　東京都新宿区市谷本村町３−29 〒162-0845
大阪市北区西天満６−８−１ 〒530-0047
編集部　☎03-3268-5651
営業部　☎03-3268-5161　振　替　00170-1-25349
https://www.njg.co.jp/

印刷／壮光舎　　製本／共栄社

この本の内容についてのお問合せは、書面かFAX（03-3268-0832）にてお願い致します。
落丁・乱丁本は、送料小社負担にて、お取り替え致します。

ISBN 978-4-534-05591-0　Printed in JAPAN